西南地区产业发展与创新研究丛书

流域旅游开发的组织管理创新研究

朱晓辉 著

U0717687

科学出版社

北 京

内 容 简 介

区域旅游合作成为近年来国内学界的研究热点。流域是不同地理单元以河流为纽带而连接在一起的自然和经济联合体。流域作为区域的一个重要组成形式，其开发具有较强的综合效应。区域旅游一体化已成为国内外旅游业发展的新趋势，流域旅游管理研究是区域旅游一体化研究的重要内容之一。本书在综合国内外流域旅游开发研究的基础上，对流域旅游资源的管理，流域旅游开发的管理模式构建、机制创新，区域旅游合作框架、平台建设进行了设计，并以云南红河流域、长江流域为实践案例进行了探索，以期为流域经济带的建设和推进提供理论和实证支持。

本书可供从事旅游经济、流域经济、社会文化和环境保护等方面的研究者、师生及旅游管理人员参考。

图书在版编目(CIP)数据

流域旅游开发的组织管理创新研究 / 朱晓辉著. —北京:科学出版社,2015.8
(西南地区产业发展与创新研究丛书)
 ISBN 978-7-03-045544-4

 Ⅰ.①流…　Ⅱ.①朱…　Ⅲ.①旅游资源开发–研究–西南地区
Ⅳ.①F592.77

中国版本图书馆 CIP 数据核字(2015)第 206287 号

责任编辑：杨　岭　朱小刚 / 责任校对：邓丽娜
责任印制：余少力 / 封面设计：墨创文化

科 学 出 版 社 出版
北京东黄城根北街16号
邮政编码：100717
http://www.sciencep.com

四川煤田地质制图印刷厂印刷
科学出版社发行　各地新华书店经销
*
2015 年 8 月第　一　版　　开本：B5(720×1000)
2015 年 8 月第一次印刷　印张：11 3/4
字数：230 千字
定价：60.00 元

前　　言

随着旅游业的快速发展，旅游业态呈现出复杂多样性，流域旅游、水体旅游也越来越受大众亲赖，流域旅游开发管理研究也日益引起人们的重视。早在 20 世纪初，美国的田纳西河流域和密西西比河流域、法国的罗纳河流域、欧洲的莱茵河流域、土耳其的两河流域（底格里斯河和幼发拉底河）、巴西的亚马孙流域等在综合开发的同时，就不断加大旅游开发的力度，成为当今流域旅游开发的典范。我国流域众多，流域旅游的开发也较早，其中，长江流域旅游的开发更是随着长江经济带的发展而迅速发展。但国内大部分流域旅游的开发目前仍处于初级阶段，同时国内流域旅游研究偏重于流域各行政区的旅游合作，强调流域内资源的调查、评价和开发，虽有部分研究对流域旅游联动发展进行分析，但缺乏对综合管理部门的组织构架分析和体制设计等。区域旅游一体化已成为国内外旅游业发展的新趋势。区域旅游合作是近年来国内学界的一个研究热点，但其合作的有限性问题却是学界尚未认真关注的一个理论盲点。随着我国旅游业的快速发展，流域旅游开发必将向成熟方向发展，对组织管理的要求将随之提高，这是流域旅游开发到一定阶段的必然选择。

本书源自云南省应用基础研究面上项目"流域旅游开发的组织管理研究——以云南红河流域为例"的研究成果，该成果经专家组评审后认为：基于系统论视角下研究流域旅游开发组织管理的模式构建与机制创新，可以为国内流域旅游开发的组织与创新提供有力的理论支持，丰富流域旅游开发组织管理的研究内容和研究方法；流域旅游开发具有较强的综合效应，其系统的管理和开发可推动流域内经济社会的发展，提高流域内居民的收入水平和生活质量；同时，流域生态旅游的发展，有目的地提高了流域的环境质量，保持了流域内自然资源和文化遗产的多样性，使人们在享受、认识自然的同时，又能达到保护自然的目的，从而实现人与环境的和谐共处，实现生态系统的良性循环和有序发展。

参加本书撰写和实际调查工作的有云南财经大学旅游学院，以及旅游文化产业研究院 2010 级、2011 级、2012 级和 2013 级的研究生们；同时，本书的出版还获得了云南财经大学旅游文化产业研究院的领导、老师们的大力支持。在此，谨向他们表示衷心的感谢。

限于作者水平有限，书中难免有不妥之处，恳请广大同行和读者指正。

目　　录

第一章　流域旅游开发

第一节　流域旅游开发概述

一、相关概念

(一)流域、流域旅游资源、流域旅游

1. 流域

从自然地理方面看，流域是一个水系的干流和支流所经过的整个地区。流域由多级干流、支流组成[1]，可以划分为若干个小流域，小流域又可以划分成更小的流域，形成一个流域体系。从经济地理的角度来看，流域体系内各组成要素不是简单的数学叠加，而是一个有机整合体。流域是一个典型的等级系统，若等级高、流域大，其规划就更多指向行政与协调功能；反之，则是自然与文化特征更具体，其规划更易指向实施与管理[2]。流域是一个开放的耗散结构系统，内部子系统间协同配合，同时系统内外进行大量的人、财、物、信息交换，具有很大的协同力[3]。概括来讲，流域是一个包含自然、社会和经济的复合系统，具有显著的区域性、关联性、开放性和耗散性等特点[4]。

2. 流域旅游资源

流域旅游资源，是指一个流域所涵盖的自然界和人类社会中，能够对旅游者形成吸引力，能激发旅游者的旅游动机，具备一定旅游功能和价值，可以被旅游业开发利用，并能产生经济效益、社会效益和环境效益的事物和因素①。

---

①　依据国家旅游局和中国科学院地理研究所制定的《中国旅游资源普查规范(试行稿)》对"旅游资源"的定义来划定。

流域旅游资源的类型可以大致划分为以下几类：地文景观、水域风光、生物景观、天象气候景观、遗址遗迹、建筑与设施，以及流域内特有的旅游商品和人文活动等①。流域旅游资源涵盖了流域内所有具备旅游吸引力的物质和人文资源。

根据流域旅游以水系为连接这一特点，本书将流域旅游资源分为亲水旅游资源与近水旅游资源两种类型。所谓亲水旅游资源，是指流域中以水为依托而存在或产生的自然和人文旅游资源，包括河流、湖泊、瀑布、泉水、冰川，以及这些水体附近的景观与文化；近水旅游资源则是指沿流域的但不以水体为主要观赏和体验内容的旅游资源。

3. 流域旅游

从国内外流域旅游相关研究文献综述结果来看，关于流域旅游，国内外都没有明确统一的概念定义。作者经过研究认为，流域旅游是指以一个水系的干流和支流所经过的整个地区、区域为旅游目的地，为满足游客的旅游需求，整合这一区域的旅游资源，由此产生的各种旅游活动与表现出的旅游经济形式的总和。

流域旅游的显著特征包括：区域性(多地区共享水系资源，多区域联合开发)、亲水性(水体资源丰富，亲水、近水旅游产品优势得天独厚)、地域分异性(由于众多水系都是跨地区、跨流域的，旅游资源相对分散)、空间梯度性(经济梯度和产业梯度明显，由于流域资源受地理分异规律的影响非常明显，以致上游、中游、下游因为资源、交通区位等差异，产生了不同梯度的经济产业发展水平)。

(二)旅游开发、流域旅游开发、区域旅游开发

1. 旅游开发

旅游开发是指人们为了发掘旅游资源并改善和提高旅游资源的吸引力而从事的开拓和建设活动。旅游开发主要的开发内容有：开发与挖掘旅游资源的价值和功能、景点与风景区的具体规划，以及设计、提高旅游地的可进入性、建设和完善旅游配套设施、旅游资源的保护与整修、人力资源开发、保护自然生态等。旅游开发的主体主要是政府和企业。在开发过程中要遵循特色性原则、共生性原则和网络化原则。

---

① 依据中华人民共和国国家质量监督检验检疫总局 2003 年 2 月 24 日发布的《旅游资源分类调查与评价 GB/T18972－2003》整理划定。

2. 流域旅游开发

流域旅游开发就是在遵循一体化发展战略的前提下，借助于政府政策的制定和引导，搭建宣传促销、投资融资以及建设经营三大平台，在流域内重点开展旅游基础设施建设、旅游企业建设、旅游景区建设、旅游产品建设，达到提升流域经济水平，改善、保护流域生态环境，提高流域内人民生活水平的目的。

3. 区域旅游开发

区域旅游开发是指在一定的地域范围内，各旅游地根据旅游资源的内在关联性、地理空间的邻近性、旅游产品的互补性，以区域旅游整体的力量参与竞争，进而实现各旅游地共同发展的开发过程。

（三）流域合作与区域旅游一体化

区域旅游一体化主要指同一地区中两个以上临近的国家或地区实行旅游联合，采取共同的旅游开发方针、政策和措施，使各成员国或地区的旅游发展构成统一体，通过在更大范围内建立统一市场，进行更为深刻的（国际）分工和更为广泛的（国际）交换，达到更大范围的资源利用和优化配置，从而实现联盟体双赢的局面，最终促进区域旅游的发展。在区域旅游一体化过程中，要考虑把区域内某一流域作为一个整体，系统分析流域旅游业发展的实际需求，发挥政策的合理导向性作用，以促进区域内旅游经济良性发展。

（四）组织与组织管理

旅游开发过程中的组织管理是通过建立相应的组织结构，明确管理目标，确立清晰的组织管理模式，在广泛征集意见的基础上，制定出具有完整性和连续性的规划设计方案，并由规划单位监理方案的实施情况，采取与旅游开发地和旅游开发项目相适应的经营管理机制，以达到对当地资源进行有效开发与保护的目的。

二、流域旅游资源开发的基本理论

（一）区位发展论

区位就是自然地理位置、经济地理位置和交通地理位置等在空间地域上有机结合的具体表现[5]。作为旅游规划与旅游发展的一个重要理论，区位理论通过研究旅游景区的地理分布和旅游产业的空间布局，来判断一个地区潜在的旅游可持续发展能力。

1. 中心地学说

对于特定的旅游地，可以根据一定的标准来判断其是否为该地域范围内的旅游中心地。旅游地资源的吸引力大小在很大程度上决定了旅游地的影响范围，此外，旅游产业的配套服务设施和旅游地的旅游活动容量也会对旅游地的市场范围产生影响。由此可以确定一定流域范围内旅游中心地的等级：高级旅游中心地是指提供的旅游服务为市场范围较大的中心吸引物，即产品和服务档次高、功能多、品种全、质量好；低级的旅游中心地是指其提供的旅游服务为较小范围内的市场所消费的中心吸引物，提供的服务和产品相对单一。

2. 距离衰减法则

距离衰减法则认为，如果地理现象之间是相互作用的，则其作用力随距离的增加而降低，即随着旅游目的地和客源地之间距离的增加，旅游者的人数会有所减少。距离衰减法则的表现形式是引力模型和潜能模型。引力模型受到的关注较多，主要用于分析客源和预测旅游空间流等方面。在流域旅游资源开发过程中需考虑旅游目的地与客源地之间的距离，对客源市场作出精确分析，并合理估算流域内旅游资源的开发潜力。

3. 集聚规模经济理论

集聚规模经济理论包括两个方面。一方面是指旅游企业之间的集聚，可使不同服务企业相互依存、相互促进、互为补充，形成集聚规模经济，使提供相同或不同服务的各个旅游企业共同形成一个地区的整体旅游形象，增加地区的整体吸引力，扩大共同的旅游市场，带来更大的经济效益。另一方面是指旅游业和相关产业之间的集聚，相关产业为旅游业的发展提供了保证，即旅游业所需的设施、设备、原材料以及资金、人才等都需要相关产业提供；同时，旅游业的这种需求也带动了相关产业的发展，促进了地方经济的增长。在流域旅游开发的过程中，旅游企业之间的集聚，以及旅游业和相关产业之间的互动发展，对于带动流域内经济发展和扶贫开发有着重要的作用与影响。

（二）增长极理论

增长极理论是区域经济和社会发展过程中出现的一种发展模式。建立在非均衡发展理论基础上的增长极理论的核心是：某些主导产业部门或有创新能力的大企业在核心区域或大城市的集聚，导致资本与技术的高度集中，形成规模经济，并通过自身的迅速增长成为对周围地区产生强大扩散作用的"增长极"，可带动周围地区共同发展。这一理论实质上是一种区域内部发展理论，强调区域内部增长中心本身的形成与发展，通过增长极地区的优先增长，带动区域经济发展。该理论在区域发展规划，尤其是在欠发达地区的经济发展战略研究中起到了重要作用。

在流域旅游发展布局过程中，可以将那些旅游资源价值高、区位条件好、社会经济发展水平较高的旅游风景区或中心城镇作为旅游增长极来培育，为之集中人力、物力和财力，给予一定的优惠政策，进行重点开发，并以此带动其他旅游区（点）的发展，从而促进整个流域旅游的可持续发展。

（三）梯度理论

梯度是指事物的空间分布在一定方向上呈现有规律的递增或递减现象。20世纪 60 年代，区域经济学家克鲁默、海特等人创立了区域发展梯度推移理论，该理论经历了静态梯度推移理论、动态推移理论、反梯度推移理论和广义梯度推移理论等四个发展阶段。该理论的主旨就是在对经济、社会、自然和生态等广泛意义上的各种各样的梯度现象分别把握的基础上，研究应对其如何利用、培植和配置，以形成科学有序、和谐的分布态势和开发战略，达到经济发展与自然环境的良性互动和可持续发展的目的[6]。

流域旅游发展的梯度是指旅游经济发展水平在空间上呈递增或递减的现象，其表现形式往往是由流域内的中心城市或重点旅游地区向周围呈递减分布。但随着旅游经济的发展，这种推移逐渐向外延伸，即向梯度较小的方向或引力大于斥力的方向转移，而中心城市和重点旅游地则向更高的梯度发展[7]。

（四）空间经济理论

1. 空间扩散与核心边缘理论

1953 年，瑞典地理学家哈格斯特朗（Hagerstrand）首次系统地提出了空间扩散理论。所谓空间扩散，就是城市核心区域作为空间系统的基本结构要素，一方面，从边缘区吸收经济要素产生大量的创新元素和成果（商品、技术、社会体制、生活方式等）；另一方面，这些创新元素和成果源源不断地向外扩散，引导周边区域的经济活动、社会文化结构、权利组织和聚落类型等进行转换，从而促进整个空间系统的发展。弗里德曼（Friedman）提出"核心－边缘"（core periphery model）理论模式，认为任何一个国家都是由核心区域和边缘区域组成。核心区域是指城市集聚区，是工业发达、技术及服务水平较高、资本集中、人口密集且经济增速快的区域，往往由一个城市或城市集群及其周围地区所组成。边缘区域是那些相对于核心区域来说，经济较为落后的区域。在区域经济增长过程中，核心区域与边缘区域之间存在着不平等的发展关系。总体上，核心区域拥有统治地位，边缘区域在发展上依赖于核心区域。

空间扩散与核心－边缘理论应用到流域旅游开发中的主要表现为：拥有统治地位的核心开发区域从边缘区域吸收了发展所需的能量之后，要把它的发展影响力扩散到周边区域，带动边缘区域的发展，从而推动整个流域内旅游业的发展。

2. 点－轴渐进扩散理论

点－轴开发中的"点"是指区域中的各级中心城市，它们都有各自的吸引范围，是一定区域内人口和产业集中的地方，有较强的经济吸引力和凝聚力；"轴"是连接点的各种线状基础设施，包括交通线、通讯线路和供水供电线路等。线状基础设施经过的地带称为"轴线"地带，"轴线"地带可以是海岸线、江河沿岸、铁路干线、公路干线以及复合地带等。"轴线"对其所经过的区域有很大的吸引力和凝聚力，使得许多产业部门产生于或集聚于"点"上并由"轴线"彼此联系在一起。

流域旅游资源的开发首先要开发具有强大旅游吸引力的"点"，通过"点"的开发建设，不断完善流域内的基础设施，形成流域内旅游开发"轴线"。在此基础上，对流域内的旅游开发"轴线"实行分级式扩散开发，即对"轴线"地带的若干个点进行重点发展。随着经济实力的不断增强，社会经济客体从扩散源（点）开始，沿着扩散通道（轴线）渐次扩散社会经济流，在与中心距离不同的位置形成新的聚积点，使得经济发展的注意力转向低级别的发展轴和发展中心上，同时发展轴线逐步向不发达地区延伸。点－轴渐进式扩散的结果是形成点－轴－集聚区的空间结构[8]。

3. 圈层结构理论

最早的圈层结构理论是德国农业经济学家冯·杜能提出的的"杜能环"理论。E. W. 伯吉斯在对城市用地功能区的布局进行研究后指出，城市五大功能区是按同心圆法则，自城市中心向外缘有序配置的，并认为这是城市土地利用结构的理想模型。20 世纪 50 年代以后，出现了城市地域分异的三地带学说，即城市由中心区域、周边地域和市郊边缘广阔腹地等三大部分组成，它们从市中心向外有序排列。我国城市地理学者在大量的区域规划实践的基础上，深化和发展了经济活动的圈层式空间结构理论。

在一定流域内，城市与周围地区有着密切的联系，社会经济活动从中心向外围呈现有规则的变化。城市和区域是相互依存、互补互利的有机体，在这个有机体中城市起着经济中心的作用，对区域具有吸引功能和辐射功能。但城市对区域各个地方的吸引和辐射的强度是不等的，其主要的制约因素是距离城市的远近。城市对区域的作用受"距离衰减法则"的制约，就必然会导致区域形成以建成区为核心的集聚和扩散的圈层状的空间分布结构。

（五）地域分异理论

地域分异规律是指自然地理要素各组成成分及其构成的自然综合体在地表沿一定方向分异或分布的规律性现象。地域分异规律按规模和作用范围不同，可分为如下 4 个等级。①全球性规模的分异规律，如全球性的热量带，一般划分为寒带、亚寒带、温带、亚热带和热带。②大陆和大洋规模的分异规律，如横贯整个大陆的纬度自然地带和海洋上的自然带。③区域性规模的分异规律，如在温带从沿海向内陆因干湿度变化而产生的森林带、草原带和荒漠带；又如山地所表现的自然景观及其组成要素随海拔递变的垂直带性。④地方性分异规律，可分为如下两类，一是由地方地形、地面组成物质和地下水埋藏深度的不同所引起的系列性地域分异；二是由地形的不同所引起的坡向上的地域分异[11]。

流域内的地域分异不仅表现在自然地理环境方面，造成自然旅游资源的差异性，还表现在人文地理环境和经济地理环境方面，形成人文旅游资源的差异性，所以旅游资源的形成受其地理环境的影响也就出现了地域差异性，即旅游资源的分布和特征也具有地域性[10]。

（六）生态补偿理论

生态补偿（eco-compensation）是以保护和可持续利用生态系统服务为目的，

以经济手段为主调节相关者利益关系的制度安排。详细地说，生态补偿机制是以保护生态环境，促进人与自然和谐发展为目的，根据生态系统服务价值、生态保护成本、发展机会成本，运用政府和市场手段，调节生态保护利益相关者之间利益关系的公共制度。

流域内的旅游生态补偿，是指采用经济手段调节旅游开发经营所涉及的生态利益相关者之间利益关系的制度安排，主要目的是保护旅游地生态系统、促进旅游业可持续发展。

在具体研究和实践中，可以基于"主体说"和"途径说"两种视角，对旅游生态补偿进行判断与识别。其中，基于"主体说"的旅游生态补偿，是指以旅游业作为实施主体，以旅游业发展的获益者，以及采用不合理的旅游开发方式而对生态环境造成不良影响的破坏者作为具体补偿主体的生态补偿，其强调的是旅游系统对其所依赖的生态系统的反哺。基于"途径说"的旅游生态补偿，是指以发展旅游业作为实施途径的生态补偿，其强调的是旅游业可以成为重要的市场化生态补偿途径；通过支持旅游业的发展，筹集补偿资金、拓宽补偿渠道，达到更好的生态补偿效果[11]。

三、流域旅游开发组织管理系统理论

（一）利益相关者理论与博弈论

利益相关者理论是于 20 世纪 60 年代左右，在美国、英国等长期奉行外部控制型公司治理模式的国家中逐步发展起来的[12]。弗里曼在 1984 年出版的《战略管理：一种利益相关者的方法》一书中提出定义：利益相关者是能够影响一个组织目标的实现，或者受到一个组织实现其目标过程影响的所有个体和群体。

博弈论（Game Theory）是研究决策主体的行为在发生直接相互作用时的决策以及这种决策的均衡问题的理论[13]。现在博弈论的应用已经涉及经济学的诸多领域（产业组织理论、企业理论、微观经济学和宏观经济政策分析等），并逐步成为西方主流经济学的基础。博弈论的参与人是一个博弈中的决策主体，它的目的是通过选择行动（或战略）最大化自己的支付水平（效用水平）。参与人可能是自然人，也可能是团体。

流域旅游活动中的利益相关者构成了博弈行为的主要参与人，包括政府、企业、旅游者和当地社区（或居民），另外非政府组织（NGO）也是流域旅游活动的利益相关者之一。

（二）组织管理理论

组织管理理论与工业化的发展有密切的关系，其发展基本上分以下三个阶段[14]。

1. 古典组织管理理论

古典组织管理理论产生于19世纪末至20世纪初，主要是由泰罗的科学管理和韦伯的科层制管理组成。泰罗的科学管理思想的中心是提高劳动生产率，重点在于计划、标准化，并在作业层改进人的努力方向，以便于用最小的投入取得最大的产出。通过最大限度地提高每个工人的生产效率，使劳资双方都能获得最大的效益。韦伯的科层制管理，是指通过"公职"或职位而不是通过个人或"世袭"进行管理。合法与合理的职权观点是其科层制的基本观点。古典组织管理理论是以等级规则和非人格因素为基础建立的，其特点是促使其组织成员尽可能不带个人情感因素而共同遵守各种规章制度，以此提高组织结构的效率，这也是现代管理理论的基础。

2. 行为科学管理理论

行为科学管理理论流行于20世纪30年代以后。著名的代表人物有梅约，他主持了"霍桑实验"，结果发现在组织中存在着非正式结构和人际关系，且它们影响着工作效率。该理论在组织形态上更重视民主的、非集权而少等级的组织形式，强调权力均等，反对非人格化的科层制管理。

3. 现代管理理论

现代管理理论产生于第二次世界大战以后。这种理论比较全面地、系统地研究了组织各方面的内容，主要的观点有：①系统的观点，将组织管理体系视为一个完整的开放系统，不但要考察该系统中各层次与外界环境间的交流和制约作用，而且要考察组成该系统的各层次的子系统及其彼此之间的相互联系与作用；②权变的观点，认为组织系统由各分系统组成，不能用单一的模型来解决所有组织设计问题，即强调组织的多变性，并力图了解组织在变化的条件下和在特殊环境中运行发展的情况，其最终目的在于提出最适合具体情况的组织设计和管理行为；③发展的观点，认为组织有自身的战略目标，以应付瞬息万变的社会局势，该观点提出要以一种发展的观点看待组织结构的变化，组织结构的不稳定是由客观任务的变化、业务和计划种类上的变化决定的，它追求的是任务的完成，而不是结构的完善。

（三）自组织理论

自组织理论是在 20 世纪 60 年代末开始建立并发展起来的一种系统理论，它的研究对象主要是复杂自组织系统（生命系统、社会系统）的形成和发展机制问题，即在一定条件下，系统是如何自动地由无序走向有序，由低级有序走向高级有序。它主要由三个部分组成：耗散结构理论（Dissipative Structure）、协同学（Synergertios）和突变论（Calastrophe Theory），但基本思想和理论内核可以完全由耗散结构理论和协同学给出[15]。

耗散结构理论主要研究系统与环境之间的物质与能量交换关系以及其对自组织系统的影响等问题。建立在与环境发生物质、能量交换关系基础上的结构即为耗散结构，如城市、生命等。远离平衡态、系统的开放性、系统内不同要素间存在非线性机制是耗散结构出现的三个条件。远离平衡态，指系统内部各个区域的物质和能量分布是极不平衡的，差距很大。

流域内旅游开发要在流域内已有的自然、社会和经济系统之上形成新的旅游发展系统。这一过程必定是由无序走向有序。在新的旅游发展系统形成期间，流域内会发生物质和能量的交换，直至这些交换引起的变化达到某一特定的阈值，引起质的变化，最终确立稳定的流域旅游开发系统。

（四）产权经济理论

产权经济学认为完全的产权是市场交易的基础，也是市场交易提高效率的基础。完全的产权要求产权具有排他性、完整性和可转让性。可现实生产生活中，不管是农村土地产权还是流域产权，都表现出产权主体的模糊性、非排他性、不完备性。经济学认为产权的不完全是产生交易费用的根源之一，也会导致出现不能界定的利益，从而使交易一方有可能去侵害另一方的利益，这些都将损害市场交易的基础，降低市场交易的效率[16]。

流域旅游资源作为一种属于某一地区、某一国家甚至全世界人民的共同财富，明显具有公益的特性，属公地资源。而国家作为公地资源的管理者，对流域内旅游资源进行资产化管理，实行旅游资源的有偿使用，确保国家作为流域资源所有者的经济利益得到体现，才能消除国家作为旅游资源所有者的所有权的虚化和开发者开发经营权不明确等现象。

（五）外部性内部化理论

外部性是指"一种经济力量对另一种经济力量的'非市场性'附带影响"，"这种非市场性的附带影响使价格机制不能有效地配置资源"。外部性可以分为正外部性和负外部性。正外部性就是个人收益不等于社会收益，负外部性就是个人成本不等于社会成本。负外部性的存在造成了资源配置上的低效率与不公平，这促使人们设计制度、规则来校正这种外部性，使外部性内部化。实现外部性内部化的理论主要有两种：庇古的税收政策和科斯的产权交易理论。

庇古指出，外部效应问题是市场本身无法克服的内在缺陷，如果政府始终恪守传统的"守夜人"职责，它将始终是市场有效运行的一种威胁。庇古建议：为了实现帕累托最优结果，国家必须超越出传统上规定的边界，利用国家拥有的征税权力，对那些制造外部效应问题的企业和个人征收一个相当于私人与社会边界成本差额的税，或给予同等数量的补贴，具体视外部效应的性质（有利还是有害）而定，使企业和个人自动地按照效率标准提供最优产量。

科斯在《社会成本问题》一文中指出，人们一般将外部性问题视为甲给乙造成损害，因而所要决定的是：如何制止甲？但这是错误的，我们所分析的问题具有相互性，即若避免对乙的损害则将会使甲遭受损害。因而必须决定的真正问题为：是允许甲损害乙，还是允许乙损害甲？关键在于避免较严重的损害。在科斯看来，外部性完全可以由私人合约得到解决，即基于自愿交易的私人合约行为对市场运转有着自我修正的效能。在科斯看来，只要产权界定清晰，在交易成本为零的情况下，不论谁拥有产权，资源的配置优势都是有效率的[17]。

流域旅游开发过程中的外部性符合上述理论的阐述。流域旅游资源要实现可持续开发，需要开发的外部性内部化，要明确流域内资源的产权和流域旅游资源的开发主体，建立完善的税收-补贴体系，对流域内开发的旅游资源进行合理定价，坚持"排污者付费"原则，实现流域内旅游资源的资产化管理。

（六）区域合作可持续发展理论

1987 年，世界环境与发展委员会通过《我们共同的未来》报告，对"可持续发展"作出了科学的论述：可持续发展是能够满足当前需要又不危及下一代满足其需求的能力的发展。它具体包含了如下三层含义。①生态可持续性，指保持生态系统的生产力和功能的健康发展，维护自然资源基础环境，实现人与自然的和谐共处。②经济可持续性，在保护地球自然生态系统基础上追求经济的持续增长，利用经济手段协调处理自然资源和生态环境之间的关系。总之，实现经济增长方式从粗放型到集约型的根本性转变是为实现可持续发展在经济方面的必然要求。③社会可持续性，能够保证资源与收入在当代人之间、各代人之间公平分配。

2005 年，WTO 组织在中国桂林阳朔举办研讨会，提出在发展中国家的地区旅游目的地推行旅游可持续指标行动计划，这标志着旅游可持续行动在全球的持续深入和在中国得到的进一步推进。区域旅游合作的核心目标是追求区域旅游发展的可持续性。实现旅游发展机会的区域公平、旅游发展利益的区域共享、旅游发展风险的区域共担，以及旅游突发事件的区域共同应对，都需要区域旅游可持续理论来支撑。

作为区域旅游开发的一种特殊形式，流域旅游在开发过程中同样需要考虑区域旅游合作的因素。在实现流域内旅游可持续发展目标的指引下，如何实现流域内旅游发展机会公平、旅游发展利益共享、旅游发展风险共担，以及旅游突发事件共同应对，是流域旅游开发过程中应解决的重要问题。

第二节　　流域旅游开发组织管理研究概况

一、背景及意义

（一）研究的背景

流域是一个水系的干流和支流所经过的整个地区，是不同地理单元以河流为纽带连接在一起的自然和经济联合体。由于流域本身具有独特的资源基础、文化张力、资本凝聚力、广泛通达性、易沟通性等优势要素资源，流域往往会成为发达的经济共同体，甚至发展为全球经济增长的极点。比如，古代的四大文明古国之一中国发源于黄河流域、长江流域，古印度发源于印度河流域、恒河流域，古埃及发源于尼罗河流域，古巴比伦发源于流经美索不达米亚平原的底格里斯河和幼发拉底河；而今北美的哈得孙河流域、欧洲的莱茵河流域和中国的长江三角洲、珠江三角洲等都是发达的经济圈。其中，中国的长江流域经济带在改革开放后已发展成为中国综合实力最强、战略支撑作用最大的区域之一。2014 年，中华人民共和国国务院下发了《关于依托黄金水道推动长江经济带发展的指导意见》，长江流域又迎来了快速发展的大好机遇，与"一带一路"、自贸区建设共同成为国家发展的大战略。

事实上，由于流域地区具有丰富的旅游资源，发达的水上交通，相通相似的民族、文化、语言以及经济形态，使得旅游业与流域开发具有高度的耦合性，流域地区要么旅游业非常发达，要么就具有发展旅游业的巨大潜力。中国的广西北部湾、云南大湄公河次区域等流域旅游经济圈正在陆续被打造出炉，并且相继成为世界旅游经济的热点板块和增长极。由此可以预见，流域旅游经济圈必将是未来旅游区域经济发展的一种常态。国外在流域旅游开发中，较成功的案例有位于美国亚利桑那州的科罗拉多大峡谷。1919年，当时美国的威尔逊总统将大峡谷地区作为"大峡谷国家公园"(Grand Canyon National Park)进行开发，1980年，科罗拉多大峡谷被列入世界遗产名录。此外，美国的田纳西河流域和密西西比河流域、法国的罗纳河流域、欧洲的莱茵河流域、土耳其的两河流域(底格里斯河和幼发拉底河)、巴西亚马孙流域等在进行综合开发的同时，不断加大旅游开发的力度，成为流域旅游开发的典范。

国外流域旅游开发如火如荼，中国的流域旅游开发也不断推进。中国流域面积广大，流域自然资源丰富，具有良好的流域旅游开发基础，但国内大部分流域旅游的开发目前仍处于初级阶段。同时国内流域旅游研究偏重于流域各行政区的旅游合作，强调流域内资源的调查、评价和开发，虽有部分研究对流域旅游联动发展进行分析，但缺乏对综合管理部门的组织构架进行分析和体制设计等。随着我国旅游业的快速发展，流域旅游的开发必将向成熟方向发展，对组织管理的要求将随之提高，这是流域旅游开发到一定阶段的必然选择。

(二)研究意义

树立"大旅游"的观念，在流域旅游开发中立足整合相关利益方的价值实现和价值创造，最终实现资源互补、市场共享、营销互动、互惠共赢的目标，是实现统筹协调发展的客观要求。因此，流域旅游开发的组织管理的创新性研究具有重要的理论与实际意义。

1. 理论意义

区域旅游一体化已成为国内外旅游业发展的新趋势。区域旅游合作是近年来国内学界的一个研究热点，但其合作的有限性问题却是学界尚未认真关注的一个理论盲点。国外流域开发也注重于流域综合开发与管理，而忽略了大部分流域分散管理的外部因素和微观主体选择问题，其区域旅游合作研究也多强调旅游区组织行为模式研究。可以将流域旅游开发认为是区域旅游合作的特写，而基于系统论视角下研究流域旅游开发组织管理的模式构建与机制创新，可以为国内流域旅游开发的组织与创新提供有力的理论支持，丰富流域旅游开发组织管理的研究内容和研究方法，从而促进旅游管理学科体系的进一步完善。

2. 实际意义

流域作为区域的一个重要组成形式，其开发力度随生产力水平的提高而不断推进，但无序开发和管理也对其生态和人文环境造成了较大破坏。流域旅游开发具有较强的综合效应，其系统的管理和开发可推动流域内经济社会的发展，提高流域内居民的收入水平和生活质量。同时，流域生态旅游的发展，有目的地提高了流域的环境质量，保持了流域内自然资源和文化遗产的多样性，使人们在享受、认识自然的同时，又能达到保护自然的目的，从而使人与环境和谐共处，提高流域旅游区域内的环境质量，实现生态系统的良性循环和有序发展。

二、研究的基本情况

本书是在作者进行相关省厅课题研究过程中多年思考的结果。2009 年，作者以"流域旅游开发的组织管理——以云南红河流域为例"申请云南省应用基础面上项目，并获得立项(项目号为 2009CD077)，并于 2012 年完成该课题研究。该书在省级课题研究的基础上，继续提升战略高度，深化研究内容，并就研究的主要思路、主要内容、工作方案、进程及人员分工等方面进行了充分讨论，并制订了完整方案。该研究大致分下列四个阶段进行。

(一)资料收集阶段

2009 年年底至 2010 年 3 月，该阶段主要进行相关文献资料的收集与整理，并对国内外流域旅游开发及管理方面的情况进行资料收集和分析。

(二)实地调研阶段

2010 年 3~8 月，在配合大理市人民政府开展"苍洱片区旅游改革综合试点规划"时，全面调研了云南红河流域上游大理境内旅游发展情况和大理州各相关部门对云南红河流域开发的看法。

2010 年 4~10 月以及 2010 年 8 月~2011 年 6 月，在配合楚雄州开展"南华咪依噜风情谷旅游策划"和"紫溪山旅游区生态旅游规划"期间，全面调研了云南红河流域楚雄片区旅游发展情况，以及楚雄州各相关部门对云南红河流域开发的看法(楚雄州旅游局曾主持召开了两次"云南红河流域旅游开发工作协调会"，有云南红河流域云南段境内的大理、楚雄、玉溪和红河四州(市)参与)。

2010~2011 年，在配合云南省省院省校合作人文社科项目"云南休闲型旅游目的地培育与品牌创新研究"时，加强了对滇西北片区大理州、滇中片区楚雄州、玉溪市以及滇东南片区云南红河流域的调研，梳理了云南红河流域旅游开发的现状。

2011 年 4 月，为配合云南世博股份有限公司，开展了"哀牢山—红河谷元阳哈尼梯田旅游区生态旅游"项目的研究，项目成员先后走遍了云南省红河流域干流主要流经的 4 个州(市)12 个县、数十个村寨；2013 年 11~12 月，为配合云南省旅游发展改革委员会，项目组成员开展了"乌蒙山片区旅游发展扶贫规划"研究，走访了四川省、云南省及贵州乌蒙山-金沙江流域片区，在"旅游区创新管理"、"旅游区旅游产业链构建与业态优化布局"方面做了专题研究，为本项目的开展提供了充分的调研条件和研究基础。

本调研工作采取查阅历史档案、文件，与当地政府官员、基层领导、相关研究者和群众座谈、讨论及访谈等方式进行。调研工作收集整理了大量的实证材料，为课题的最终成果奠定了科学的基础。同时，项目成员还展开了相关内容的一些小型研究，如国内外流域旅游开发对比研究、国内外流域旅游开发现状及问题、流域旅游资源的管理及流域旅游开发的合作等，这些小研究为本书提供了重要的思想观点，奠定了集体研究的分工协作基础。

(三)阶段性成果形成阶段

2011~2012 年是撰写课题阶段性成果的关键阶段。项目成员在调研工作的基础上，根据自己的研究分工，撰写了相关论文，并针对研究中出现的一些问题，对研究工作也进行了相应的调整，保证了项目的顺利进行。

(四)综合性成果形成阶段

2012 年 12 月~2013 年 10 月是综合性成果形成阶段。对各个项目成员的分报告进行全面梳理，形成了完整的逻辑结构和整体观念；同时统一报告写作规范，并进行文字处理。期间召集了几场小型研讨会，广泛征求相关专家的意见，对原来的一些设想进行了调整，对相关材料进行了再次调研和补充。由于对学术界"流域旅游开发的组织管理"这个核心概念没有统一的理解和认识，课题组召开多次讨论，最终确定其定义和内涵。2013年底，全面结束了项目的研究工作，正式申请云南省应用基础面上项目的结题工作。

（五）书籍成果完善阶段

本书中期成果"流域旅游开发的组织管理——以云南红河流域为例"经专家组评审后认为：在国家"一带一路"及长江经济带开发研究的大背景下，流域开发再次引发各方关注，流域旅游开发的管理问题成为旅游业开发过程中的难点和重点。本书作者及项目成员围绕该项目，继续加大研究的力度，完善成果内容，提升成果质量，以期为国内流域旅游研究提供示范和思考。

需说明的问题是：流域旅游合作开发有区域和国际的概念，但在实证研究中，受研究路径和经费的限制，本书中云南红河流域旅游的开发主要指中国境内云南红河干流流经的大理、楚雄、玉溪、红河四州（市）流域旅游的合作开发。另外，在研究过程中发现理论与实践脱节，理论研究的指导和实践意义受到一定影响。对此各州（市）旅游部门提出相关建议：机制体制的创新需省级部门的重视和行动，政府才是解决流域旅游开发的根本。通过进一步呼吁和研究，"流域区域的开发也是区域经济发展的重点"这一观点得到云南省内相关部门重视，"云南省水运经济发展研究"、"云南省水体旅游规划"等研究正逐步展开，内容涉及旅游、文化和物流等诸多方面。我们将在该研究基础上，继续展开国内重大重点流域旅游开发的相关研究。

第三节　国内外相关研究进展

一、流域生态系统及其研究进展

流域生态系统是流域内由生物群落与无机环境构成的统一整体。从中国期刊网和万方数据库资源系统查找的相关文献中发现，关于流域生态系统的研究主要集中在对流域生态系统的健康评价和管理上。

（一）流域生态系统的健康评价

2003 年，罗跃初等认为流域生态系统的健康评价主要有两种方法：一是指示物种评价法，二是指标体系评价法[18]。指示物种评价法是陆地生态系统和水生生态系统健康评价的常用方法。例如，有些流域植物对大气、水和土壤等的污染反应较敏感，并表现出独特的受害症状，人们可根据它们受害的症状和程度，大致判断大气、水、土壤等的污染状况和污染物性质。然而，指示生物对环境因素的改变有一定的忍耐和适应范围，单凭有无指示生物评价污染相对而言是不太可靠的。指标体系评价法首先要选用能够表征流域生态系统的主要特征，并对这些特征进行归类区分，然后是确定每个特征因子在流域生态系统健康评价中的权重，最后选用适当方法进行综合评价。2005 年，龙笛等认为国外利用指标体系评价法[19]对流域生态系统进行健康评价的主要有以流域水环境评价、流域土地利用方式、压力－状态－响应、自然条件限制因子－流域生态健康指示因子－人类活动影响因子等为核心的四种评价结构。国内对于流域生态系统进行健康评价的案例还不多见。

（二）流域生态系统管理

自 20 世纪 70 年代以来，在生态和景观单元内实施环境管理的理念已经在国外得到认可和发展，但真正意义上采用生态系统方法实施生态系统管理还是在 20 世纪 90 年代后，并且是在一些相关研究达到相对深入的基础之上而发展起来的。2007 年，刘永等提出：随着流域生态恶化问题日益严重，以及对流域生态系统服务功能需求的不断增加，流域尺度的生态系统管理研究应运而生[20]。目前这方面的研究多集中在北美地区，一些国际组织和会议也将生态系统管理作为重要的研究领域和关注议题，并进行了大量研究。

生态系统管理的概念是在 20 世纪 90 年代后期被引入中国的。1997 年，赵士洞等论述了生态系统管理的基本问题[21]，此后又有多名学者在相关方面展开研究，涉及概念框架及其生态学基础、农业、保护区、湖泊、流域、放牧、河流、森林、海岛与海岸带等内容。

关于流域生态系统管理，国内在近年来逐步开展了一些相关的研究，如2001 年中国科学院启动的"黑河流域水－生态－经济系统综合管理试验示范研究"，2002 年底中国环境与发展国际合作委员会"流域综合管理课题组"启动的"鄱阳湖流域生态系统管理研究"，以及 2002 年国家重点基础研究发展计划（973

计划)立项资助的"湖泊富营养化过程和蓝藻水华暴发机理研究"等。2002 年，中国湖泊及流域学科发展战略研究秘书组在《湖泊及流域科学研究进展与展望》一文中阐述了流域生态系统管理的内容。这些研究内容涵盖了流域水资源和自然资源管理、生态系统价值评估、管理模型以及管理机制等方面。此外，湖泊－流域健康评价、生态服务价值核算、退化生态系统修复原理与技术以及湖泊－流域综合管理的理论与方法等也是国家自然科学基金委员会确立的未来我国在湖泊－流域发展中的重点研究方向[22]。

二、流域旅游开发管理研究进展

(一)国外流域旅游开发研究综述

国外关于流域旅游开发的研究多数都是综合性的，包含经济在内的综合开发的研究，研究成果主要集中在：流域规划与开发、管理，河流可持续发展及环境研究，河流流域旅游开发的专门研究以及河流滨水区开发研究等方面。

1. 流域规划与开发、管理方面

Barrow Christopher 等回顾了 20 世纪 30 年代以来的流域开发规划和管理，分析了产生的问题及其原因，并探讨了改进的可能性[23]。Raju Komaragiri Srinivasa 等介绍了多标准决策在流域规划与开发中的应用[24]。Van der Veeren 等对莱茵河减少营养物质的管理战略做了生态经济分析和评价[25]。Botes 等介绍了纳米比亚库伊塞布干河流域的管理方式[26]。

2. 河流可持续发展及环境研究方面

杰弗里·沃尔和辛西亚·赖特进行了关于旅游对地质、地貌、土壤、植物、动物、水、噪声、大气和环境容量等方面的影响研究，其中涉及旅游开发对河流水体的影响。Botterweg 和 Rodda 介绍了多瑙河的污染防治、水质与生态系统保护、废水处理等活动及其所面临的挑战与进展[27]。Jansson Bengt-Owe 和 Stalvant Carl-Einar 考察了波罗的海沿岸不同资源利用方式的可持续性[28]。

3. 河流流域旅游开发的专门研究方面

1995 年，Steinbach Josef 和 Dr. Kathol 在 *River Related Tourism in*

Europe-An Overview（《欧州河流旅游概述》）一文中介绍了与欧洲河流相关的旅游项目，这些旅游项目都是建立在河流景观本身的吸引力的基础之上的，如河流巡游、游艇流游、漂流活动、自行车环河游等，并且探讨了河流目的地的综合规划问题，以协调各种与河流相关的旅游活动。另外该文中还涉及利用节日、会展、购物等来丰富河流旅游目的地的活动内容[29]。

4. 河流滨水区开发研究方面

关于滨水区的开发研究较多，其中不少研究是针对河流滨水区而进行的，在一些发达国家普遍设立有专门的研究中心。

1989 年，威尼斯大学建筑系率先发起成立了"国际滨水城市研究中心"（International Center "Cities on Water"），这是一个非盈利性组织，从事水与城市相关的各项活动。并于 1990 年在日本大阪举行的首次会议上提出"应重新探索、建设自然与人类共存的和谐城市——由水和绿化的保护和活用、由滨水和绿化空间的再生创造建设美好的城市"。几乎在西方国家兴起城市滨水区再开发的同一时期，亚洲的日本也掀起了滨水区开发的热潮，主要的研究组织是"滨水复兴研究中心"（Waterfront Revitalization Research Center，WARRC）[31]。1995年，由 Craig-Smith、Stephen 和 Michael Fagence 等合编的《娱乐和旅游作为城市滨水区再发展的催化剂：国际性调查》（*Recreation and Tourism as a Catalyst for Urban Waterfront Redevelopment：An International Survey*）这本综合了诸位专家研究成果的论文集涉及的内容主要有：河流城市居民的游憩休闲评估；城市滨水区休闲娱乐与旅游发展问题研究；国际港口发展旅游业的作用；亚历山大滨水区的规划经验；伦敦滨水区复兴中市场主导的规划和旅游；布里斯班南岸滨水区的再发展研究等[32]。《后工业城市中的滨水区》（*Waterfronts in Post-industrial Cities*）一书反映了目前滨水区研究的前沿。这本书有两个前提假定：在当今城市设计中需要校正我们的思想以适应当前所处的时代；当代城市集聚的规模如此之大，意味着没有一个单一的组织机构能够决定一个城市的形态。书中阐述了后工业化城市的主要功能是活动和服务而不是制造。其中作者不仅讨论了与滨水区城市设计有关的问题，还对滨水区再发展的社会组织、代理商、制度和政治背景进行了评估[33]。

（二）国内流域旅游开发研究综述

就整个国内流域旅游研究而言，流域旅游开发工作至今尚处于摸索阶段。根据现有的文献，国内直接研究流域旅游开发的资料较少，相关文献大多散见于与流域和旅游相关的研究资料中，主要集中在如下几个方面：探讨国外名河流域综合治理开发经验、关于流域经济发展方面的研究、关于国内河流流域旅游开发对策方面的研究、关于河流滨水区开发的研究、关于河流流域旅游合作方面的研究、从景观生态角度对河流及流域进行的研究等。

1. 探讨国外名河流域综合治理开发经验

李文华等人论述了流域综合（多目标）开发的必要性和重要性，总结了田纳西河流域综合开发的宝贵经验，并通过乌江流域与田纳西河流域的对比研究，提出了乌江流域综合开发的格局和途径[34]。张文合在理论研究和实践研究相结合的基础上，探讨了流域开发理论和黄河流域的综合开发治理问题[35]。对流域开发的战略、原则与对策、开发与治理中存在的问题等，学者们也关注颇多，进行了有意义的探讨并提出了一些有价值的建议和对策。阎水玉、王祥荣在《泰晤士河在伦敦城市规划中的功能定位、保证措施及其特征分析》一文中，对泰晤士河在伦敦城市规划中的水利功能、运输功能、旅游娱乐功能、形象功能和自然生态保护功能以及保证措施进行研究分析，得出其功能定位是：具有注重河流自然规律，结合城市总规，综合协调多种功能，注重可持续发展。并且文中根据其经验，探讨了对我国城市河流在城市规划中的借鉴意义。陈湘满在分析美国田纳西河流域开发的背景和特点的基础上，借鉴其成功经验，提出我国流域经济发展的方向和途径，即旅游是河流流域经济开发中的一部分[36]。郭培章等人着重介绍了国外河湖流域的综合治理开发经验，还介绍了塔里木河流域、黄河源区生态环境和北京及西北周边地区生态环境综合整治的设想与思路[37]。张帅介绍了田纳西河流域的治理开发，以及在防洪、电力、工业和农业旅游等方面的治理成效，并总结了其对我国流域开发的启示[38]。郑伯红、汤建中于 2002 年对伦敦巴黎河岸景观带建设的实践与经验进行了研究[39]，综合得出国外城市河流文化景观保护的经验；同时结合苏州河沿岸文化景观带的功能潜力和上海城市功能定位提出了苏州河沿岸文化景观带功能开发的总体目标和规划原则，并对分段开发进行具体策划与设计[40]。

2. 关于流域经济发展方面的研究

齐民在《清江流域经济发展研究》一书中，在总结国内外流域经济开发实例的基础上，利用发展经济学理论，从经济学的角度论述了流域经济的可持续开发前景；并且针对清江流域经济的现实基础和流域水资源的社会经济承载能力等，提出了清江流域水资源经济开发体制和可持续发展模型以及法制等宏观政策。蒋文凯对漓江流域进行了关于可持续发展的研究，以国际上可持续发展指标体系为理论依据，构建了旅游可持续指标体系、评价模型和评判标准，主要从环境、经济和社会角度论述了漓江流域旅游业的现状，并提出了流域旅游可持续发展的对策和建议，包含流域生态旅游产品的开发和世界文化遗产保护的理论和对策[41]。

3. 关于国内河流流域旅游开发对策方面的研究

刘晓武对流域的资源(即河流水电开发带动旅游开发)进行了探讨[42]。辜胜阻等对长江流域的旅游开发进行了专项研究，指出长江流域是我国旅游资源分布最为集中、质量最高、开发潜力巨大的地区[43]。王保认为长江流域包括人文景观在内的旅游景观多姿多彩，是长江流域内的五大资源之一，应把旅游业的发展纳入长江流域经济可持续发展战略中[44]。梁远林探讨了汉水流域旅游发展模式，在对汉水流域的区位优势分析的基础上，指出文化旅游是流域旅游业的主要发展模式[45]。李焰云认为，位于清江流域的枝城等地在开发旅游资源的过程中，要突出当地丰富的历史遗址和民俗风情等人文旅游景观与流域内其他县市旅游资源的差别[46]。陈胜军论述了长江水运旅游和世界同类河流旅游业的发展，以及长江旅游对长江流域区域经济的带动作用，分析了内河水运发展潜力，同时借鉴国外河流的开发经验，指出了长江水运旅游的发展模式[47]。林凌认为，在长江上、中、下游三个经济带中，上游经济带是我国人文等景观最为丰富、拥有联合国保护遗产最多的旅游带，是长江上游经济带中极具开发潜力的产业方向之一[48]。周正涛等指出，淮河流域水利旅游资源丰富，可依托水利工程和秀丽风光发展水利旅游业[49]。张合平从旅游生态影响的角度，阐述了漓江流域的景观结构和旅游干扰对景观结构的影响，从生态学的思想出发，针对漓江流域景观结构和水文功能等现实开发情况提出了整体的宏观控制与管理，并结合景观区、景区和景点的不同尺度层次的开发保护策略[50]。姚玲玲在综述了国内外小流域综合治理的经验的基础上，针对凤凰县具体情况，提出小流域治理与旅游资源开发相结合的思想，利用旅游资源开发促进小流域的综合治理，而综合治理又反过来给旅游资源的开发提供条件和保证，针对沱江流域的情况提出了具体的建议开发措施[51]。黄洁针对山东运河文化旅游开发现状进行了分析及对策研究[52]。隋鹏飞等认为，嘉陵江沿岸分布昭化、阆中等众多古镇，对这些古镇文化传统、民族特色、历史遗迹等进行发掘和分类，将其历史文化积淀加以保留、延伸和发展，突出城镇特色和个性，这将是嘉陵江流域开发的一个亮点，而这一亮点将使嘉陵江旅游线成为四川省乃至全国的"流域精品线路"，同时增加了空间可达性,加强了区域协作和整体开发[53]。陈国先等人指出,嘉陵江是我国梯级开发的全江渠化工程,是不同类型电站的展示场,具有工业旅游的开发潜力[54]。孟庆红在分析广西红水河流域经济社会发展状况的基础上,建议将红水河流域作为问题区域纳入广西的区域规划,并提出了红水河流域的规划定位及其未来产业发展导向,其中,桂中探险及文化旅游区是红水河流域规划层面战略定位之一[55]。皮小军等对袁河流域的旅游开发进行了探讨,概述了袁河流域的旅游开发现状,以及有待开发的自然人文景观,提出了该地旅游开发的可行性及其开发对策[56]。何丽红在其硕士论文中对长江流域旅游发展的绩效差异进行了研究[57]。曹新向等撰文对黄河流域省际旅游合作与互动问题进行了研究,通过分析黄河流域各省份促进旅游业发展的政策,以及对区域旅游合作的诉求,提出优化旅游产业模式,构建黄河旅游经济带和制度化的旅游协调机制等全流域旅游合作和互动发展模式[58]。王金叶积极探索实现漓江流域旅游可持续发展的措施,提出加强生态环境保护、创新旅游开发模式、优化流域旅游布局、强化流域旅游管理等流域旅游开发管理的建议[59]。

4. 关于河流滨水区开发的研究

高永宏对沈阳市浑河滨水区开发战略进行了研究,结合典型滨水区开发模式、经验和特性,将河流开发与城市建设、经济发展结合起来。同时在充分借鉴国内外滨水区开发模式和经验的基础上,提出了浑河滨水区开发战略设想,探讨了浑河滨水区开发过程中应遵循的指导思想、目标和原则,研究论述了浑河开发的功能定位和开发模式,并在浑河开发总体规划的指导下对浑河滨水区开发的功能分区、土地开发、滩地利用、交通策略和景观设计等几个方面进行了规划设计。按照近期与远期相结合的原则,提出了浑河开发实施步骤,并从保证浑河开发战略有效实施的角度对浑河开发政策和立法进行深入研究,保证浑河滨水区开发顺利进行,实现可持续发展的城市目标[60]。

5. 关于河流流域旅游合作方面的研究

李蒲弥等人综合珠江流域五省份(云南、贵州、广西、广东、澳门)有关专家学者精心研究的成果,将珠江流域形成的独特的极富地方色彩的自然资源和历史人文资源融为一体,以文化为切入点进行流域区域旅游合作带的研究[61]。毛笑文从构建区域合作旅游带的角度出发,以可持续发展为宗旨,对黄河上游四省沿岸带旅游空间结构优化进行了研究,并提出了优化设想和对策[62]。

6. 从景观生态角度对河流及流域进行的研究

郑伯红等对伦敦巴黎河景观带建设的实践与经验进行了探讨[63]。张合平对漓江流域景观结构及旅游干扰的生态影响进行了研究[64]。李丰生等以漓江为例对河流风景区生态旅游环境承载力指标体系进行了研究[65]。上官铁梁等对黄河中游湿地资源及可持续利用进行研究[66]。

第四节　研究内容及方法

一、研究内容及体系结构

(一)研究内容

本书通过对国内外流域旅游开发的研究现状和典型流域旅游开发的情况进行分析，并运用系统学、旅游学、经济学和管理学等学科理论及方法进行研究，最终得出流域旅游开发的组织管理的发展思路，并针对云南红河流域提出具体的开发管理模式及机制创新建议。主要研究内容有以下几点：①流域旅游开发组织管理的相关概念和理论分析；②国内外流域旅游开发的比较分析；③流域旅游开发存在的问题及成因研究；④流域旅游开发的组织管理研究；⑤云南红河流域旅游开发组织管理现状分析与评价；⑥云南红河流域旅游开发组织管理体制改革、机制创新、模式选择与保障措施。

(二)体系结构

根据研究目的的需要和严谨治学态度的要求，本书采用归纳和演绎相结合的逻辑思维方法，推演出关于流域旅游开发的组织管理研究的完整体系结构框架，具体的推演过程可以分为以下三个步骤。

(1)从研究的内容与目的入手，采用演绎的方法推导出本次进行系统性研究的三个基本层次。就整体而言，本书的根本目的是探寻流域旅游开发组织管理的开发管理模式构建与创新机制，用以指导流域旅游开发组织管理的实践活动，提高合作的效率和科学合理性，而这就形成了本研究的应用层次。若要进行深入研究，应就目前流域旅游开发的实际情况进行调查，分析其中反映出来的问题，并对国内外相关研究和实践进行分析借鉴，据此构建适用于流域旅游开发组织管理的实际系统思想和方法，这就需要一个反映层次。而从根本上讲，上述两个层次的分析和研究都应建立在基本概念、相关理论基础和研究方法等具有根本指导性意义的基础研究之上，以使得整个研究规范而严谨，这些基础研究就构成了基础层次。由此，得出了本书研究的三个层次，如图 1-1 所示。

图 1-1　本书研究的三个层次

(2)根据研究所涉及的领域和主题，将本书的主要研究内容进行归纳汇总，整理出作为本研究基本组成部分的单元模块。将上述三个层次作为模块划分标准，同时兼顾基础性(各模块是具有一定意义的基本单元)、独立性(模块间相互不交叉)和平等性(各模块在逻辑结构中的地位平等)的原则，可将本书研究的主要内容归纳划分为如下五个基本模块：基本概念、研究方法、相关理论基础、现状与问题、方法与建议。本书研究就是由这些基本模块组合而成，它们几乎涵盖了目前所有相关研究的主要内容，如图 1-2 所示。

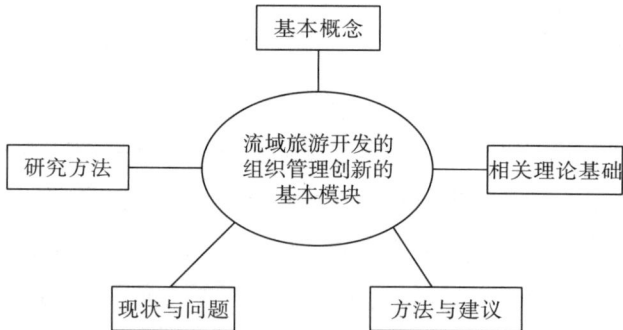

图 1-2　本书研究的主要内容

(3)在上述的三个层次与五个基本模块间进行拟合，建立研究的总体结构框架。由于在进行模块的编选时已参照了三个层次的划分标准，所以很容易将五个基本模块与三个层次进行拟合，从而建立起完整的研究结构框架。

第一层次是基础层次，由基本概念、研究方法和相关理论基础三部分构成，该层次的各项研究与相关理论构成了整个研究的基础，其中系统论是本书的核心指导思想，贯穿于全书，经济学、管理学和区域发展等理论亦是本研究的重要支撑理论来源。

第二层次是本研究的反映层次，通过对现状与问题进行分析，从而构建出完整的流域旅游开发的组织管理体系，据此可以对本研究的主要观点和内容进行了解。

第三层次是应用层次，主要是提出方法与建议，用以分析现实中出现的问题和指导研究的实践，提出流域旅游开发管理模式构建与创新机制，它是本研究的根本目的。本书研究的体系如图 1-3 所示。

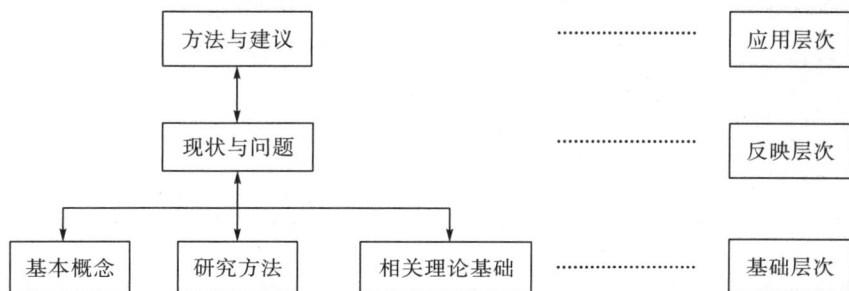

图 1-3　本书研究的体系

二、研究方法与创新点

（一）研究方法——系统论

系统是由若干相互作用、相互联系的部分或要素组成的，具有特定功能和结构的有机整体。一定流域内的旅游开发活动需要通过游客的流动，不断与外界进行物质流、能量流和信息流的交换，从而抵御外界的不利影响，保持自身的生命活力。由此看来，流域旅游开发与所处的地理环境实际上是一个内在相互联系的系统，即流域旅游开发系统，而组织管理作为流域旅游开发的重要部分，便成了流域旅游开发的子系统之一。

1. 系统论的功能

系统论是研究客观现实系统共同的模式、本质、原理和规律的科学。运用系统论可以认识系统的特点和规律，厘清各要素之间的关系，更重要的是可以利用这些特点和规律去控制、管理、改造或者创造一个系统，使它的存在与发展合乎人的目的需要。也就是说，运用系统论可以调整系统结构，协调各要素关系，使系统达到优化目标。

2. 系统论在流域旅游开发组织管理当中的应用

区域合作、优势互补是当今世界经济发展的大趋势，流域旅游业的发展由于其产业的特殊性更加离不开区域合作。但是，区域合作有层次、范围之分，选择什么样的层次和范围作为区域合作的突破口，直接关系合作的成效，这也是流域旅游开发组织管理的关键问题。而此问题可以通过系统论的思想得以解决。

从系统论的角度出发可以将流域旅游开发系统理解为在特定的流域内，由参与旅游合作的各个因子相互作用所形成的一个开放的有机整体。因此，该系统属于一个比较典型的工程系统，具有一般系统所共有的特性，应该符合系统论思想中的两个基本要点，即整体性和层次性。

(1)整体性。整体大于部分相加之和，这是系统论所确定的普遍性原则，也是系统科学的理论基石。

整体大于部分相加之和，这一思想为流域旅游整合开发提供了认识论的基础，是进行流域旅游整合开发研究的重要理论基础。流域旅游整合开发可以提升系统的等级和"整合功能"，推动流域内旅游产业的发展。同时，在进行流域旅游整合时，要遵循系统演化规律，即系统的发展变化过程是整体与部分、层次、结构、环境相互作用的过程。

(2)层次性。系统的层次性突出了部分与整体之间质的差异，强调系统从高层次向低层次的不可还原性。

旅游业的综合性和旅游产品的组合性决定了流域旅游系统是一个多要素、多等级、多结构的复杂系统。在进行流域旅游整合开发的过程中，必须认清全局与局部、宏观与微观的关系，低层次地域单元的旅游开发必须服从区域旅游的整体开发，同时区域旅游的整体塑造反过来也会为各地域单元的旅游业创造有利条件。只有两者相互呼应，彼此关联，才能保证区域旅游可持续高效发展，才能发挥区域旅游的优势，创造旅游业新局面。

(二)创新点

本研究在科学地分析了国内外流域旅游开发的组织形式、管理体制、管理结构和区域协调机制的基础上，明确提出国内流域旅游开发的组织管理流于形式，缺乏可操作性，同时指出有效的模式构建和机制创新是推动我国流域旅游开发的组织管理走向深度发展的基本动力，并在本研究中尝试构建起一套具有普适性和可操作性的流域旅游开发组织管理模式，推进国内流域旅游开发组织管理的深度发展。

第二章 国内外流域旅游开发比较及成因

第一节 国外流域旅游开发现状及特点

一、国外流域旅游开发现状

关于流域旅游的实际开发，国外更多的是重视水体流域的开发利用，多数国家重视水体流域的环境治理及休闲游憩功能的建设。

(一)田纳西河流域

美国田纳西河流域在开发之前，由于长期缺乏治理，森林遭到破坏，水土流失严重，经常暴雨成灾，洪水泛滥，人均年收入仅为全国平均值的45%。而经过数十年的开发，田纳西河流域面貌发生了巨大改变。利用流域1100km² 的公共土地、近2000km² 水面，建成了110个公园、24个野生动物保护管理区、400个旅游休养区，以及几百个路边公园、旅游宿营地和商业旅游区。它们星罗棋布地分布在流域区各湖泊、水库和河流岸边。在流域内还开展了生态保护旅游和休闲娱乐旅游项目，每年游客超过6500万人次[67]。田纳西河流域规划和治理开发，主要有以下几个特点。

(1)从组织形式来看，美国田纳西河流域在1933年就立法成立了田纳西河流域管理局(TVA)。TVA是依法成立的，拥有自主经营权，是多元决策机构，并且机构设置灵活，能够独立管理流域开发，但同时受总统和国会的严格监督。

(2)从管理结构来看，TVA下设有各种职能机构，其属于事业部制结构，主要的职能机构(如TVA的决策机构)是直接由总统任命的三人理事会。

(3)从区域协调机制来看，田纳西河流域的开发主要依靠TVA进行开发管理，流域内各利益相关者依靠TVA进行协调。

(4)从开发机制来看，美国田纳西河流域的开发属于政府少量干预类型，政府主要是提供政策支持和制度保障，具体开发协调工作由 TVA 完成。田纳西河流域开发机制主要是产业推动以及开发与治理并重。TVA 不但利用田纳西河丰富的水资源开发水电，积极发展区域内的工业和农业，同时进行防洪、防疫工作，改善农业条件和生态环境，疏浚田纳西河河道，改善内河航运条件。

（5）从政策支持方面来看，在田纳西河流域的开发中，政府为其提供了法律保障，同时提供了财政支持和优惠政策；在开发过程中，TVA 对流域资源进行统一管理，促进区域实现一体化；开发与治理保护相结合，达到经济目标与社会目标双赢，同时环境的改善促进了经济的进一步发展。

（二）塞纳河流域

塞纳河位于法国北部，"完美塞纳河"的巴黎改建方案在 1853～1870 年由奥斯曼主持，在规划中塞纳河被提升到城市结构轴线的高度加以建设。与塞纳河平行的景观主轴线，以及与其垂直的多个景观副轴线，围绕河流构成城市空间的骨架。直到现在巴黎最重要的广场、建筑、花园和古迹等，几乎都是在塞纳河两岸向西延伸，不断丰富完善着从卢浮宫经凯旋门至德方斯城市主轴线的景观[68]，形成了葡萄酒主题旅游、城市旅游和饮食旅游三大旅游品牌。

法国为加强塞纳河流域水资源管理工作，建立了由环境部、农业部、交通部、卫生部等有关部门组成的水资源管理委员会，由其制定流域综合治理政策并协调部门之间、地方政府之间的工作。其经费由国家财政支持，经济独立，免受地方政府制约。它的主要职责是代表国家环境部进行各省的监管和协调。

（三）莱茵河流域

莱茵河是目前世界上内河航运最发达的国际河流，是欧洲最负盛名的大河，它发源于瑞士阿尔卑斯山圣哥达峰下，途经 9 个国家，干流自南向北流经瑞士、列支敦士登、奥地利、德国、法国和荷兰等国，于鹿特丹港附近注入北海。全长 1360km，流域面积 22.4 万 km²。自古以来莱茵河就是欧洲最繁忙的水上通道，也是沿途几个国家的饮用水源。

莱茵河沿岸有许多古老而著名的城市，无数的诗人、画家、音乐家使这条两岸点缀着古老城堡的河谷充满了神奇的色彩。众多的美丽景色也为发展莱茵河游览、休闲、度假和养生提供了良好环境。莱茵河流域的旅游发展强调水上活动项目的开发以及两岸自然与人文景观的建设，由沿河生态系统、历史故事、建筑、名人故居和神话传说等构成了流域旅游景观系统，在开发过程中注重以人为本，强调人文景观与自然景观的结合。目前开发的主要旅游项目有：旅游节、洋葱节、莱茵河浪漫之旅等节庆旅游，还有沿江的艺术博物馆、葡萄园、名人故居等观光旅游项目[69]。根据文化遗产的遴选标准，莱茵河中上游的河谷于2002年被列入《世界遗产目录》。

　　20世纪中期，随着工业的高速发展，莱茵河水体遭受了严重污染，生物多样性下降，对莱茵河的生态系统产生了不良影响。为了使莱茵河重现生机，1950年7月，瑞士、奥地利、德国、法国和荷兰等6个国家共同成立了旨在解决莱茵河污染和治理莱茵河的政府间共同框架组织，即莱茵河防止污染委员会，并制定了一个莱茵河日常养护的"国际公约"。该委员会于1992年3月正式更名为保护莱茵河国际管理委员会（ICPR），委员会由12人组成，委员会主席由成员国部长轮流担任。ICPR的目标就是保证莱茵河生态系统的可持续发展，并提出流域国家要严格执行互不转嫁污染源和谁污染谁受罚的原则，将整个流域视为完整的生态系统。在管理上，ICPR磋商重大问题的部长级会议每年召开一次，决策会议力求少而精，分工执行会议力求务实具体。莱茵河流域内的国家以此委员会为平台，签订了一系列公约，如《控制化学污染公约》、《控制氯化物污染公约》、《防治热污染公约》等，并制订了莱茵河年行动计划、洪水管理行动计划等，为保护和开发莱茵河流域提供了良好的政策指导，也为莱茵河流域地区各国大力发展旅游业提供了较好的生态和人文环境。

（四）亚马孙河流域

　　亚马孙河是南美第一大河，也是世界上流域面积和流量最大的河流，北起于巴西的布朗库，流经玻利维亚南部的马代拉河，西起厄瓜多尔昆卡的包特河河源，东至巴西的马拉若湾。亚马孙河流经包括秘鲁和巴西的大部分地区，还包括委内瑞拉、哥伦比亚、玻利维亚和厄瓜多尔等一部分领域，而主要的流经区域在巴西境内。亚马孙河流域面积最宽处约为2776km，肥沃的淤泥养育着近65000km²的区域。亚马孙河水系跨赤道南北，终年高温多雨，物种丰富，全长6400km，最终注入大西洋。该河流无论是从流域面积还是从资源富集程度来说，都可称为世界第一大河。

　　亚马孙河流域发展最早采用的是以开放带动开发的亚马孙模式，因为在它的流域面积内的8个国家多数为发展中国家，迫切需要通过开放河流项目以引进欧美资金，或者在国际金融组织的帮助下实施开发。亚马孙成片的原始处女地的开发所需资金庞大，同时需要设备和技术。亚马孙流域各国无论单独的力量还是集体的力量均无法承担如此艰巨的任务。为此，以巴西为代表的亚马孙河流域各国大胆果断地选择该河中对外封闭或与世隔绝的若干地段对外开放，采取"跳跃式"开发和"飞地型"开放战略，实行优惠政策，租让大片土地、森林和矿山，欢迎外国政府、商社、个人投资者进行工、商、农、牧、矿、水、旅游等大规模、多领域、多层次的开发。

随着开发的深入，亚马孙河流域内一些国家和地区的掠夺式开发，引发了一系列环境问题：森林遭到破坏，水土流失严重，珍贵的野生动物遭劫等。这些问题不仅使亚马孙河流域国家，而且使全球的生态环境都受到了严重威胁。目前，以巴西政府为代表的亚马孙河流域国家正在改变以往以环境为代价的开发方式，转向可持续发展的开发方式。1978 年，亚马孙河南美八国(委内瑞拉、玻利维亚、巴西、哥伦比亚、厄瓜多尔、圭亚那、苏里南、秘鲁)成立了亚马孙合作条约组织，并签署《亚马孙合作条约》，共同保护、开发和治理亚马孙河流域[70]。

（五）尼罗河流域

长度居世界第一的尼罗河位于非洲东北部，由南向北流经埃及等国家，在开罗附近流入地中海，流域面积约 287 万 km²，占非洲大陆面积的 1/9 以上。尼罗河流域是人类古文明的发祥地之一，其开发历史相当悠久。埃及尼罗河 2002 年共接待游客近 300 万人次，其中 90％以上是境外游客[71]。但就整个尼罗河流域来看，由于沿河地区民族矛盾、种族仇视等原因使得其发展不尽人意。许多潜力巨大的景点还有待进一步开发，许多历史文物古迹还未开发或未完全呈现在人们面前。就这些情况而言，旅游规划以及各个国家相互协调工作是当前开发尼罗河旅游资源潜力的重要途径。

二、国外流域旅游开发分析

从国外流域旅游的开发特点来看，西方各国在流域旅游开发的定位上更具参考价值，且具有以下共同的特点。

(1)空间功能多元化及生活化；着重公共性设施，特别是商业和游览设施的开发。

(2)健全的法律保障，权威的规划指导。

(3)最大限度地利用河流的历史文化环境和空间环境，创造鲜明的文化特色。

(4)良好的可达性与可视性，在此基础上，各国又各具特色。例如，美国人在河流开发中充分利用商业设施和各种商业手段,复兴衰落的城市地区,商业气氛较浓;欧洲在充分发挥其历史悠久的长处的同时,以历史文化环境的保护和再生为核心。他们十分重视与水有关的历史文化要素,充分挖掘其水文化的潜力,以巧妙的构思保护了传统滨水区中水与城市的良好关系,创造出宜人的滨水环境。

(5)强调水资源的综合开发利用。

(6)功能定位以考察河流的自然特征为起点,结合河流所在地的各种功能及其功能之间的关系,以及这些功能与城市功能的关系,然后落实到具体的管理中。

(7)在组织管理方面,在政府层面上建立具有独立性与权威性的组织,抵制地方保护主义,对流域内相关问题统一协调处理,建立高效的部门协调机制。

第二节　国内流域旅游开发现状和特点

一、国内旅游开发现状

我国流域旅游开发与西方国家相比,既有相似之处,遵循着共同的规律,也有基于特定的历史文化背景、科技与经济水平、城市化物质建设水平及区位与用地条件等而具有的不同特点。成功案例多集中在有资源、区位和经济优势的区域。

(一)长江三角洲地区

20 世纪 90 年代以前,长江三角洲地区的旅游活动及合作主要由旅游企业和民间组织自发进行,多是对旅游线路的编排合作。90 年代以后,开始由民间自发推动向政府主导推动转变。如 1992 年,长江三角洲的江苏省、浙江省、上海市合作举办了"江浙沪旅游年"专题活动,三方通过联合制作旅游宣传品、共同举行新闻发布会、联手对外促销、合作推出汽车旅游项目,收到了很好效果。2003 年,为了加强长江三角洲地区旅游城市的合作与互动,共同打造长江三角洲黄金旅游圈,提升区域整体形象,江苏省、浙江市和上海市共同主办了"同游江浙沪、阳光新感受"的主题旅游活动。之后,在长江三角洲地区旅游合作过程中具有里程碑意义的"杭州宣言"和"黄山共识"中,进一步明确了长江三角洲

"15+1"旅游城市的合作项目和行动计划,在加强区域旅游合作、区域旅游品牌塑造、旅游资源和产品整合与保护、旅游信息交流与一体化、区域旅游便利措施等多方面达成共识。这些都为长江三角洲区域旅游一体化发展提供了基础平台。结合 2010 年上海世博会,上海和周围城市都表达出强烈的深化合作愿望,江浙两省和上海市的旅游主管部门在长江三角洲地区无障碍旅游区的构建、导游等岗位资格的联合考核与互通、定期与不定期的旅游联席会议的召开、旅游联合促销的实施、旅游节庆的联合举办等方面形成了良好的合作氛围。

不容忽视的是,一些地方客观存在着"肥水不流外人田"和"靠山吃山、靠水吃水"观念。就目前来说,旅游资源共享体系尚在形成过程中,远未达到成熟的阶段,各地都在大力开发旅游资源,而过度无序开发势必会造成旅游资源的浪费,并导致旅游资源非持续发展。在旅游资源非持续发展的诸多行为中,较为常见的有:各大城市之间壁垒森严,跨区域旅游线路相对不多,旅游活动范围相对封闭(大都局限在各自的行政区域内),主题近似甚至雷同的旅游产品建设重复,而采用掠夺方式开发区域内共享旅游资源的行为则位居首位。

(二)环太湖流域

环太湖地区地处长江三角洲的核心地带,是我国经济最发达的地区之一。太湖位于苏南和浙北之间,号称我国第三大淡水湖。太湖沿岸线长达 400km,波带江苏、浙江两省,水挟苏州、吴锡、常州、嘉兴和湖州五市,纵贯吴越两大地域文化,总面积 475km²,素有"包孕吴越"之称。环太湖流域指江苏境内的太湖旅游区,其中苏州、无锡和常州三市均为省重点旅游城市,历史悠久,文化发达,自古就是我国知名的旅游胜地。目前这三个城市拥有国家级太湖风景名胜区的全部 13 个景区,苏州的枫桥和虎丘山,常熟的虞山和茅山 4 个省级风景区,以及苏州的西山和宜兴国家森林公园等 7 个国家级公园。国家级、省级和市级文物保护单位 163 个,6 个国家级和省级旅游度假区,12 个中国旅游国线景点和"江南水线游"国家级专项旅游线路[72]。

近年来,环太湖旅游区不断加强区域内合作,整合旅游资源,运用市场经济的手段,鼓励发展旅游企业、农家乐和乡村旅游;不断加大旅游投资力度,完善政府引导、部门联动、企业配介、群众参与的旅游机制,扩大影响力;联手开发跨区域精品线路、联手推进无障碍旅游客运、联手促销、互进客源等,全面提升区域旅游竞争力,开创旅游发展的多赢局而。目前,该旅游带内旅游产业体系业已形成,旅游资源在国内外享有一定的知名度,客源市场相对稳定;旅游产出水平较高，整个旅游业运作已进入层层推进的良性循环状态；该旅游带旅游接待与产出水平目前均占江苏省的一半，且对江苏省及周边地区的旅游发展发挥着越来越大的辐射带动作用。

但是，由于缺乏统一规划和整体协调，各市县在旅游开发过程中各自为政，致使环太湖带缺乏整体形象设计，并出现了部分景点重复建设、品位不高、开发过密和景区环境质量下降等一系列问题。

(三)泛珠三角区域

泛珠三角"9+2"区域包括广东、广西、海南、福建、湖南、江西、四川、贵州、云南等9省和香港、澳门特别行政区。泛珠三角区域旅游是我国规模最大、范围最广，并且是在两种不同体制框架下的区域旅游合作，它是我国区域旅游的创新。"泛珠三角"旅游合作于2004年举行的首届泛珠三角区域合作与发展论坛上被明确提出，并在继承"大珠三角"旅游合作的基础上进行了构建九大协作网络、建立无障碍旅游区等方面的合作探讨与推进。近年来各级政府为了实现旅游协调发展的目标，均采取了很多卓有成效的措施，目前，泛珠三角区域合作与发展论坛暨经贸洽谈会已举办了多届，随着"一带一路"战略引领区域发展新格局的形成，由国家发展和改革委员会牵头制订的《促进泛珠三角区域合作发展的指导意见》即将出台。在旅游合作方面所取得的成果，比较典型的是在2012年第八届泛珠三角区域旅游合作磋商会与招商推介会上签署的《全面推进泛珠三角区域旅游协调发展合作协议》，各省在制度建设、旅游产品、旅游营销、创建无障碍旅游区、区域监管和人才培养等方面加大了合作，同时，也完善了信息共享和合作保障机制。

但在实际发展过程中，泛珠三角区域旅游合作发展也暴露出了很多问题具体如下。

1. 差异化的扩大增加了旅游合作的难度系数

泛珠三角"9+2"区域涵盖了中国南部大部分省份，合作主体的数量较"大珠三角"增加近4倍，结构的复杂化和差异化程度均相应扩大，区域旅游业发展必然存在着多方面的地域性差异。

2. 行政区域划分的负面影响

泛珠三角"9+2"区域存在三种类型的行政区域划分：一般行政区、经济特区和特别行政区。由于行政区域在行政级别、地区区情、中央及地方的政策等方面都存在不同程度的差异，从而构筑了区域合作的壁垒。

（1）各地方存在强烈的地方利益倾向，相互争抢资源，重复开发现象严重，破坏了市场机制主导下的公平竞争，导致恶性循环。

（2）行政区短时间难以消失，要制订泛珠三角"9+2"区域共同的旅游业发展主导思想、区域旅游发展规划、旅游资源开发和旅游产品生产计划、旅游市场开发与区域营销策略等均需要经历一个漫长的磨合期。

（3）"一国两制"使"9"区域和"2"区域之间存在着货币、法律、社会制度、生活方式、意识形态等差异，旅游业界一直把港澳市场划分为国际旅游市场，要改变历史形成的"惯例"是难以一蹴而就的。

（四）海河流域京津冀区域

作为流域经济合作与协调发展的重要组成部分，近几年，京津冀都市圈经济一体化发展被政府及全社会关注和重视的程度逐年增强。2004年，国家发改委召集京津冀相关部门的负责人共商三省市经济发展大计，决定建立京津冀发展和改革部门定期协商制度，以及京津冀省（市）长高层定期联席会议制度，联合设立协调机构。2005年，北京市、承德市和秦皇岛市等环渤海11城市签署了"旅游合作框架协议"，标志着以北京为中心的环渤海旅游区合作机制的正式启动。京津冀区域发展规划作为国家"十一五"发展规划的一个专门规划，于2006年初提交全国人民代表大会并获得通过，京津冀都市圈区域规划工作由前期准备阶段进入实质性工作阶段。其中，旅游被国家列为推动京津冀地区区域合作的五大领域之一，京津冀地区借助地缘优势、资源禀赋也成为我国区域旅游合作历史较早的区域。

但是，京津冀地区区域旅游一体化发展的速度过于缓慢，规模有限，取得的成果不尽如人意。京津冀区域旅游，从合作主体来看，主要是企业的自发行为；从合作运行机制来看，主要是市场推进；从合作运营基础来看，欠缺跨区域经营的连锁企业、旅游集团；从合作支撑系统来看，交通、通信等相关部门还缺乏协调；从合作产品基础来看，缺乏区域旅游凝聚力，缺乏统一的形象。北京一家著名旅游规划设计机构认为，虽然以北京和天津为代表的中心城市周边的休闲旅游项目层出不穷，但尚未出现具有广泛影响力的产品和品牌升级效应。站在区域一体化的角度来看，跨区域产业联动、目的地产品体系设计、市场化品牌营销等方面呈现出整体推动较为缓慢的迹象。总的说来，京津冀区域旅游规划不到位，一体化协调效能较低，产品雷同，同质化竞争明显，合作没有实质性的发展，还停留在形式单一、规模有限、参与不足、随意性强的较低层次上。

(五)广西北部湾地区

广西北部湾地区地处中国沿海西南端，由南宁、北海、钦州和防城港所辖行政区域组成，陆地面积 4.25 万 km^2。2008 年 1 月 12 日，国务院批准实施《广西北部湾经济区发展规划》，该规划依据党的十七大精神、《中华人民共和国国民经济和社会发展第十一个五年规划纲要》和国家《西部大开发"十一五"规划》编制。同年，国家提出把广西北部湾经济区建设成为重要国际区域经济合作区，这是全国第一个国际区域经济合作区[73]。2014 年，为积极参与共建 21 世纪海上丝绸之路，打造西南、中南地区开放发展新的战略支点，推动与珠江—西江经济带协同发展，广西壮族自治区人民政府对上述规划进行了修编。

广西北部湾经济区旅游资源丰富，自然旅游资源品位高，文化旅游资源地域文化特色鲜明，为旅游业的发展提供了十分有利的条件。在《广西北部湾经济区发展规划》中明确提出"立足旅游需求，发挥特色优势，依托中国优秀旅游城市，把北部湾经济区培育成为区域性国际旅游目的地和旅游促进中心"。2014 年修编的《广西北部湾经济区发展规划》直接提出要"发展滨海休闲度假，国际商务会展与节庆、邮轮游艇，中越边关探秘，海洋、民族风情与历史文化体验，高尔夫运动休闲度假，城市休闲等特色旅游产品"。加强旅游基础设施和公共服务体系、安全与质量保障体系的建设。大力提升旅游业服务水平，将北部湾经济区打造成国际旅游度假区和区域性国际邮轮母港。近年来，随着经济全球化和区域经济一体化的发展，北部湾采取区域旅游合作的发展方式，走"信息互通、客源互送、资源共享、合作共赢"的区域旅游合作化道路，积极联合区域内外部的各方力量密切合作，整合资源，巩固成果，拓宽合作领域，提高合作水平，促进合作深化。面对广西北部湾区域旅游合作的跨越式发展，其区域旅游开发的组织管理必须不断提升效能以适应发展需要。

虽然广西北部湾经济区区内和区际旅游合作都取得了一定成效，但是仍然存在很多问题。区域旅游合作主要停留在框架协议层面，实质性推进较少，基本上都还处于各自为政、单打独斗的状态；区域的互补性和联动性不强，区域旅游综合效益差；完善的区域旅游合作机制尚未形成。综合来看，目前广西北部湾经济区区域旅游合作主要存在以下方面的问题。

1. 区域旅游合作深度不够

目前广西北部湾经济区区域旅游合作的战略、平台和机制等已初步形成，但区域旅游合作的方式、内容和途径等尚未摸索清楚，需要进一步深化和推进。

2. 区域旅游整体形象欠缺

虽然广西北部湾经济区区域内部城市之间以及与区域外的越南等东盟国家及其他地区已经合作开发了一些旅游产品，区域旅游合作也涉及很多方面，但是广西北部湾经济区至今还只是一个地理概念，尚未形成一个整体的旅游形象，因此也阻碍了区域旅游的宣传和促销。

3. 旅游产业联动不足

广西北部湾经济区区域内外旅游合作各方在联合建立应急处理机制、共同管理市场、联合开拓市场、建设无障碍旅游区、共同推进旅游便利化等方面加强了沟通与交流。但还没有消除经济区内部以及与东盟各国之间跨境旅游的壁垒，没有实现旅游产业的全方位合作，也没有形成规划共绘、市场共拓、产业共兴的区域旅游发展格局，区域旅游联动不足。

（六）乌苏里江流域

多年以来，乌苏里江流域内的各个地区都在积极开发旅游市场，倾力打造地区特色旅游项目。密山市主打森林、湿地、湖泊等生态旅游，在 1986 年就成立的兴凯湖省级自然保护区，于 1992 年在国际鹤类基金会的帮助下，与俄罗斯一起建立了兴凯湖国际联合自然保护区，又在 1994 年晋升为国家级自然保护区，1999 年被批准为省级风景名胜区，于 2005 年成功申报国家地质公园，成为集北国风光、历史传说、地方风情于一体的我国东北边陲的山水名城。兴凯湖旅游景区发展势头迅猛。2013 年，仅兴凯湖沿岸景区接待游客就达 40 万人次，比去年同期增长 32%。农垦当壁镇兴凯湖旅游度假区是国家级生态农业旅游示范点、东北亚十佳知名旅游景区、社会公认诚信满意单位、国家级水利风景区、黑龙江省唯一一家省级水产良种场，是目前农垦区唯一一家国家 4A 级旅游景区，现拥有"生态农业观光区、城镇风情区、口岸观光区、北大荒文化区、接待服务区、特色主题区和兴凯湖休闲娱乐区"七大主题区。

但是总体上来看，乌苏里江流域的旅游业开发尚处于初级发展阶段，其旅游开发过分地依赖资源优势，流域内的合作也处于各自为政的状态，还未打造出区域独有的品牌，对乌苏里江流域的旅游发展造成一定影响。其所拥有的边境旅游、生态旅游和红色旅游等高品质的旅游资源还没有形成为具有远程旅游吸引力的旅游精品，在整个黑龙江省的旅游业中所占的份额也不大。

（七）红水河流域

红水河是珠江流域西江水系的干流，上游称南盘江，发源于云南省沾益县马雄山，与北盘江汇合后称红水河。全长 659km，流域面积 4.3 万 km²。红水河流域地处云贵高原向广西盆地过渡的斜坡地带，地势由西向东逐渐降低，地貌类型复杂多样，以山地为主，丘陵次之，平原谷地较少，山地、丘陵和石山占总面积的 90%。红水河流域是壮族人民聚居的腹心地带，同时世代居住着汉、瑶、苗、布依、水和彝等民族，他们共同创造了红水河流域文化，其中铜鼓是最具特色的文化之一。

红水河流域经过多年的旅游开发，在资源利用和旅游品牌建设上取得了一定的成果。从资源利用情况来看，目前红水河流域（河池段）已经初步形成了四大旅游产品系列，即长寿养生产品系列、民俗文化旅游产品系列、生态旅游产品系列、红色旅游产品系列，同时形成了以巴马长寿水晶宫、盘阳河、七百弄国家地质公园等为主的较为成熟的自然山水观光型旅游产品，以南丹白裤瑶民俗文化村等为主的具有一定市场号召力的民俗文化旅游产品，以东兰魁星楼、列宁岩等为主要旅游吸引物的红色文化旅游产品。

从旅游形象和旅游品牌建设来看，经过多年的培育和发展，红水河流域（河池段）内的各个县已经初步形成了自己的旅游形象和旅游品牌，出现了一县一品或一县多品的发展格局。例如，以龙滩和红水河大峡谷、红水河奇石等旅游产品为主要内容的红水河生态品牌，以水晶宫、百魔洞、天生桥、七百弄等景区景点为主体的地质奇观品牌等。

在红水河流域旅游发展过程中，比较突出的问题是缺乏统一有效的实施组织，同时规划的执行力得不到保障。由于各个利益主体（主要是县级行政区域单位）都具有要达成自我利益的诱因，因此，各利益主体之间存在普遍的个体理性和群体理性之间的矛盾，表现出的"囚徒困境"使得互利多赢的局面难以实现。同时，组织和管理方面的缺失还表现为缺乏整体发展的眼光和对整体旅游资源的割裂，合作难以深入。这些都是目前制约区域内旅游资源整合的较为重要的问题。

（八）长江流域经济带

长江是中国第一大河，世界第三长河，干流流经青、藏、川、滇、渝、鄂、湘、赣、皖、苏、沪九省（区）二市，干流全长 6300km，流域面积 180 万 km²，约占全国陆地总面积的 1/5。它自西向东横贯中国中部，战略地位十分重要。经过几千年的开发建设，长江流域已成为中国农业、工业、商业、文化教育和科学技术等方面最发达的地区之一。2014 年 4 月 28 日，国务院总理李克强在重庆主持召开座谈会，研究依托黄金水道建设长江经济带，为中国经济持续发展提供重要支撑。"一带一路"、"长江经济带"已成为两大国家发展战略。

长江经济带东起上海、西至云南，涉及上海、重庆、江苏、湖北、浙江、四川、湖南、江西、安徽、贵州等 11 个省（市）。2014 年 3 月，长江经济带发展规划上升为国家战略；2014 年 9 月 12 日，国务院出台文件《关于依托黄金水道推动长江经济带发展的指导意见》和《长江经济带综合立体交通走廊规划（2014—2020 年）》，为长江经济带发展战略指明了方向。2015 年 4 月，《国务院关于长江中游城市群发展规划的批复》获得原则性同意，指导意见提出了承接国际产业转移，促进开放型经济发展；承接国际、沿海产业转移，带动区域协调发展；产城互动，引导产业和城市同步融合发展；低碳减排，建设绿色发展示范开发区；创新驱动，建设科技引领示范开发区；制度创新，建设投资环境示范开发区等任务。2015 年 6 月 30 日，国家发改委发布了《推进关于建设长江经济带国家级转型升级示范开发区的实施意见》，这将进一步提升长江经济带的战略地位，成为带动沿岸经济、再造我国内需市场和加快转型升级的关键布局。依托于长江黄金水道，长江上、中、下游将会实现东、中、西区域经济一体化大发展，并增强对周边地区的经济辐射力，长江沿线的港口、交运、基建、环保和旅游等产业将进一步受益。

长江流域旅游资源富集，乌蒙少数民族风情文化、巴蜀文化、三国文化、荆楚文化和吴越文化与多姿的自然景观结合，形成西部大峡谷温泉、三峡、武当山、庐山，洞庭湖、鄱阳湖、太湖，黄鹤楼、岳阳楼、滕王阁等丰富多样的景观特色和旅游产品。2015 年，江苏、上海、安徽、湖北和重庆五省市旅游局联合在南京举办了"长江旅游带联合促销活动"启动仪式，这次联合促销是五省市共同推广长江经济带旅游资源、促进省市间产品共创、平台共建、客源互送的首次尝试，为共同打造旅游城市、精品线路、度假休闲区和生态旅游目的地，发展特色旅游，规划建设长江旅游带迈出了坚实的一步。长江流域经济带旅游发展以省市区间旅游合作联动开发为突破口，进一步整合全流域旅游资源及优势，全面推进旅游规划、线路产品、市场要素、标准标识、管理服务一体化建设，把长江沿线旅游业培育成为长江经济带新的增长点和重要支撑，使之成为长江经济带发展的重要组成部分。

二、云南省省内流域旅游开发现状

云南省流域旅游开发主要集中在澜沧江流域、金沙江（下游）流域和云南红河流域等区域。

（一）大湄公河次区域（GMS）

1992 年，亚洲开发银行（ADB）在大湄公河次区域经济合作计划（ECP）的基础之上，倡议发起大湄公河次区域（GMS）旅游合作［合作区域包括中国澜沧江流域自北向南流经的青海、西藏、云南三省（区）和境外湄公河流域流经的缅甸、老挝、泰国、柬埔寨、越南五国，流域全长 4880km］。二十多年来，GMS 五国和我国的旅游合作与交流有了长足的发展，合作效果显著。2007 年，由我国牵头并与 GMS 五国共同编制的《GMS 旅游发展战略》得到了六国政府的高度认可和大力支持。近年来，我国政府在国家层面上大力支持和推动 GMS 旅游合作，加强沟通协作，推进云南和广西参与 GMS 旅游合作和开发。2014 年，第 33 次大湄公河次区域旅游工作组会议暨 2014 年大湄公河旅游论坛在缅甸曼德勒召开，柬埔寨、中国、老挝、缅甸、泰国和越南六国的国家旅游机构以及云南省旅游发展委员会、亚洲开发银行、湄公河旅游协调办公室（MTCO）等国际组织的代表参加了工作组会议。

云南在参与和推进大湄公河次区域旅游合作过程中，取得了丰硕的成果。不仅完成了《金四角旅游区跨国旅游线路规划》、《香格里拉—腾冲—密支那旅游区跨国旅游线路规划》的编制和《云南省参与 GMS 旅游合作资料汇编》的编印，还不断完善与周边国家的磋商机制，通过联席会议、旅游论坛等形式与周边国家签订了 16 份旅游合作协议或备忘录规划，围绕《大湄公河次区域旅游发展战略》的要求，积极与周边的越南、老挝、泰国和缅甸等国建立双边和多边合作关系，开展了多方面的旅游合作与建设。随着旅游条件的不断改善，在旅游线路推广、旅游目的地营销、游客流动便利化、互送游客及人力资源培训等方面开展了广泛合作，取得了十分明显的成效。根据大湄公河次区域旅游协调办公室和亚太旅游协会的统计数据显示，整个大湄公河次区域地区接待入境游客人数，从 1995 年的 960 万人,增加到 2010 年的 3644 万人,年平均增长率为 10.8%,成为全球旅游人数增长最快的地区之一。

但是,由于主观和客观等各方面原因,大湄公河次区域的旅游合作也存在一些困难和问题,主要有如下几点。

1. 各地区经济发展水平悬殊,基础设施状况不一

大湄公河次区域各国或者地区的经济发展水平不一,尤其是边境地区,泰国和中国的经济发展水平较高,而其他地区的经济发展水平相对落后。部分地区由于经济水平较低,基础设施落后,交通不便,欠缺发展国际性旅游的条件。目前,大湄公河次区域内高等级的公路和泛亚铁路还在建设中,跨国界的公路建设还比较缓慢,水运也不便捷;边境地区的口岸建设和管理由于维护资金不足,不能很好满足旅游的需求;与旅游相关的配套设施,如星级宾馆的数量和服务品质、旅游景区内部相关设施的规划和建设、航空管制环境,以及连接机构和商业部门的配合机制、国际化的购物场所等也需进一步完善。

2. 国家层面上与旅游相关的政策法规有待改善

大湄公河次区域目前仅有一个 GMS 旅游业发展统筹协调机构——湄公河旅游协调办公室(MTCO),还没有一个国家层面上的旅游管理机构。大湄公河次区域旅游管理依然不成体系,这种各自为政的发展方式必然会导致旅游政策法规及配套文件互相冲突,政策不一,难以实现一体化发展,并对旅游业的发展造成巨大的困扰。另外,边境政策的统一问题也比较突出,旅游政策对边境小规模的贸易或者旅游活动有着较大影响,制约了区域旅游的发展。

(二)金沙江(下游)流域

2007 年 12 月 18 日,川、滇、黔 3 省结合部的毕节、楚雄、昆明、六盘水、凉山、庐州、内江、攀枝花、曲靖、宜宾、自贡、昭通和资阳 13 个州市的政府代表在昭通发表了《旅游发展合作宣言》,签署了旅游发展合作框架协议,同时还签署了旅游发展合作协议书。这表明,在"金沙江下游流域经济圈"构想的基础上,上述 13 州市的旅游区域合作已经先行一步。

金沙江(下游)流域内各州市地缘相近、人文相亲、民俗相融、交往历史悠久、联系久远,但旅游城市建设基础相对薄弱,优秀旅游城市数量仅占 42.9%。近年来,各地州市不断促进金沙江(下游)流域的区域旅游合作,加快旅游城市建

设，扩大区域旅游合作基础，不断培育区域旅游合作条件，优化区域旅游合作环境。随着金沙江下游各大型水电站的梯级开发，沿线的自然和人文旅游资源纷纷展示出来，向家坝、溪洛渡、白鹤滩和乌东德水电站已成为水利观光的新型旅游资源。各州市抓住机遇，采取以旅游联合促销、互推旅游产品、互换旅游客源、互相开放旅游市场、扩大双向旅游规模等措施，加强区域旅游合作，以合作促进发展，以合作应对竞争，不断推进旅游城市建设，共同促进流域旅游经济发展，使流域旅游的发展取得了长足的进步。

金沙江（下游）流域旅游的发展存在如下问题。

1. 基础设施问题

金沙江沿岸山高谷深，地势险峻。受此地理环境制约，周边城镇基础设施不够完善，整个交通运输体系主要以公路为主，路面等级低，通行能力差、航空方面仅开通了丽江、昭通到昆明航线，铁路总体容量较小、覆盖面窄，水路仅有水富港、绥江港，尚未形成航运规模。周边城乡的水利基础主要是以小型水库为主，有效灌溉面积不足，农村人畜饮水问题十分突出。

2. 生态环保问题

旅游资源开发必须重视对生态环境的保护，以经济利益为诱导的开发，必然适得其反。在开发中如何处理好开发与保护、经济效益与社会效益之间的关系，关系到金沙江旅游的可持续发展问题。

3. 社区民众参与问题

对旅游资源的管理和保护，单靠政府是不行的，还需要鼓励和引导当地社区民众积极主动地参与到金沙江沿线旅游资源开发和保护的工作中来，从而在当地居民中形成一道生态文化保护的防线。

4. 规划问题

金沙江沿线旅游资源丰富，然而一直以来都缺乏统一的规划和开发思路，使得整个沿线旅游资源长期以来处于待开发状态。尤其是四大水电站建成后，形成了一个个高原湖泊景观，如何有效开发水体旅游资源，形成金沙江峡谷旅游带，带动一方百姓受益，是政府部门与三峡集团都需要考虑的问题。

5. 实践中的规划和计划与实际脱节

20世纪90年代以来，在金沙江流域实施的生态环境建设不仅收获了显著的生态效益，而且让老百姓从中获得了实惠。于是，国家号召开展长江上游退耕还林，当地老百姓积极响应，有的地方甚至还未等国家规划审批、计划下达就自行将有些坡耕地退耕，但是后来国家下达的计划指标少于已经退耕的指标，自行退耕部分没有享受到相应的补偿政策，以致挫伤了老百姓的积极性。与此同时，在实施天然林保护工程中，管护计划面积落实不足。

（三）云南红河流域

红河是发源于云南省大理白族自治州巍山县哀牢山羊子江顶点的一条长河——巍山西河，干流沿东南方向流经巍山、南涧、南华、双柏、新平、元江、红河、元阳、个旧、蒙自、金平，并从河口出境，流经12个县，流域面积大，涉及47个县、市。红河在中国境内只属于云南，是真正的"云南之子"。云南红河流域面积74890km²，占整个红河国际流域面积的62.3%，干流河长692km，占红河国际河长的58.49%，干流流量在六大水系中仅次于金沙江和澜沧江，位列云南第三。云南红河流域是当代云南民族文化的集聚区，也是云南烟草、旅游经济的集中带，为大理、楚雄、玉溪和红河等州（市）提供了丰富的自然资源和浓郁的民族文化资源[74]。

在云南红河流域范围内的县域，由于地理环境和水域（系）的连接，使之成为多种文化的交汇叠合点，形成了文化的多样性和复杂性。但独特的地形和生态环境，又造成了该流域文化的闭塞性和封闭性，经济结构单一，发展水平不高。

云南红河流域旅游带民族文化资源极其丰富。巍山已被列为国家级历史文化名城，红河哈尼梯田、箐口哈尼族民俗村已被列为全国农业旅游示范点。红河哈尼梯田已先后获得了国家林业局授予的"国家湿地公园"、联合国粮农组织授予的"全球重要农业遗产"，并被国务院列为"国家重要文物保护单位"，2013年，红河哈尼梯田成功申报为世界文化遗产。但由于多方面的原因，许多资源开发还处于发展阶段，新平漠沙镇大沐浴民族文化生态旅游示范区，嘎洒大槟榔园、南碱等民俗文化旅游村，元江那诺云海梯田、热带果园，元阳麻栗寨蘑菇房民俗村，南华岔河、咪黑们彝族生态村等还在规划开发和建设中。目前，楚雄、玉溪和红河三个州市联合提出将哀牢山国家级自然保护区申报为国家公园的建议。

三、国内流域旅游开发分析

从我国流域旅游开发的现状来看，主要有以下几个特点：①合作区域内旅游资源丰富，文化旅游资源地域文化特色鲜明；②合作区域内旅游资源有显著的互补性；③合作区域经济发展水平不同且有的流域差异较大；④开发过程中政府占主导地位；⑤开发较好的流域多集中在经济基础与地理位置较好的地区；⑥在开发的过程中未能与生态补偿机制相结合；⑦未建立专门的旅游管理组织，已有的协调组织没有权威效力，旅游开发中的合作形式大于实质；⑧流域旅游开发缺乏法律的支撑和保障。

第三节　国内外流域旅游开发的启示

一、对比分析

对于流域旅游的开发来说，西方发达国家的成功经验主要有以下两方面：一方面是以流域为主体，建立跨行政区的流域管理体制，通过法律给予流域管理机构广泛的行政管理权，加强管理机构的行政调控能力；另一方面是建立有效的协调机制，加强政府之间，以及各部门、各地方政府间的协作。在开发中，围绕市场机制、制度设计、法律手段和财政手段等原则，建立利益约束机制、利益分享机制和利益补偿机制，全面推进流域内旅游的快速发展（如图 2-1 所示）。如田纳西河流域、塞纳河流域与莱茵河流域都是流域旅游开发的经典案例。与之相比，我国流域旅游的开发仍处在初级阶段，在管理体制和协调机制方面存在诸多问题。

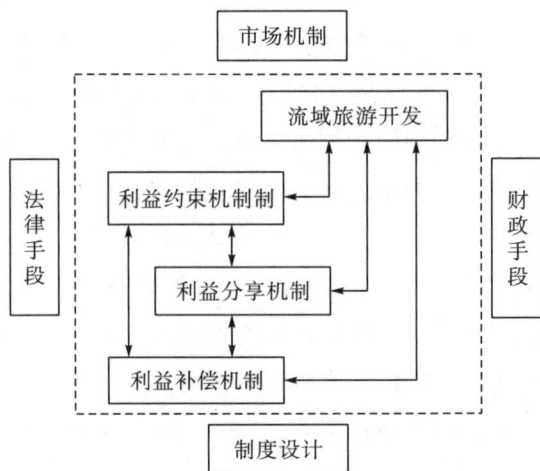

图 2-1　国外流域旅游开发模式

二、启示

对比分析世界和中国流域旅游开发的现状，可得到如下经验与启示：流域旅游开发的纽带是江河，它把流域内的区域串联在一起，这就使流域旅游开发存在多个主体，如何平衡流域内的总体旅游开发利益与地方利益之间的关系显得尤为重要，既要从长远出发，结合流域内的情况，通过区域间的合作达到共同发展的目的，又要考虑各区域独立的开发利益，确保流域内各区域参与开发的积极性。由于不同地域的地方政府间的地缘利益不尽相同，同一区域或不同区域的旅游企业间除了合作关系还存在竞争关系，因此，研究如何推动和实施流域旅游开发主体的共赢，对同一区域或不同区域的旅游企业间的竞争合作关系进行分析，形成各方合作的效益最大化，是流域旅游开发中最基础和最关键的工作。而这些可以通过组织管理的形式、模式和机制的创新来解决。

(一)组织形式衍生与创新

目前，流域旅游开发的组织形式仍然是定性的概念模式，缺乏实证分析的支撑。人们常说的长江三角洲模式(长江三角洲地区)、粤港澳模式(泛珠江三角洲区域)、京津唐模式(海河流域京津唐地区)，也只是就其合作范式、政策尺度、目标指向与水平深度的一种定性描述。基于概念性的流域旅游开发的组织形式有以下三类。

1. 第一类

根据区域经济学的"核心-边缘理论"所提出的三种理论模式，可将其分为核心-腹地型、等级-序列型、多核-共生型。

2. 第二类

结合国内外旅游业区域合作的态势，从旅游业区域合作的时间维度和空间维度(区域对象、主体分布、内容形式、合作机制等)两方面出发习形成四种理论模式，这四种区域旅游合作模式之间的关系是渐进式且逐步深化的。

(1)单一合作模式，即以旅游业某个领域为内容，在特定目标驱动下形成的单一化旅游业区域合作，如东北旅游景区联盟、湖北景区联盟和峨眉山风景名胜区等，均为景区利益共同体管理模式。

（2）行业综合型合作模式，即以旅游不同行业为主要内容、以旅游企业为主体，并在市场推动下进行的全行业合作，如云南省旅游业协会、云南旅游商会，均为区域性行业协会或商会，都属于此类模式。

（3）多元化全方位合作模式，即众多产业参与、主体多元化、综合机制协调下的全方位旅游业区域合作，如长江三角洲 15 个城市联合签署的《长江三角洲旅游城市合作宣言》无障碍旅游区行动就属于此类合作模式。

（4）关联性区域合作模式，即虽不以旅游业发展为目的，但对旅游业有促进作用的区域合作，如粤港澳的 CEPA 模式。

3. 第三类

以"哈格特空间结构模式"①和"冈恩的目的地地带模型"② 为基础，将流域旅游开发的组织形式分为凝聚模式、放射模式和扩展模式三种模式理论，此外，还有其他的一些分类类型。

（二）管理模式分析

目前，对我国现有的流域旅游开发管理模式的探讨主要集中在区域旅游经济合作模式上，表现为政府主导型模式，以及在无障碍旅游方面形成的空间竞合的模式。

1. 政府主导型模式

首先，体现在政府为企业搭建平台方面。在流域旅游开发建设中，企业关注的领域是景区、产品和企业经营，企业经营的基础建立在政府为其搭建的平台

---

① 1977 年，英国著名地理学家哈格特（ P. Haggett ）描述空间结构模式与秩序时，从宏观层次将区域抽象为点，从而识别出六个几何要素：运动模式，表示事物的空间移动特点；路径，表示事物运动沿着特定的路线；结点，表示运动路径的交点，诸多结点控制着整个系统；结点层次，表示各个结点的重要程度；地面，位于由结点和路径形成的框架中；扩散，地面的时空变化过程叫空间扩散。哈格特所描述的空间结构模式，在要素提取时主要面向系统间的联系和作用，完全忽略了对区域系统内部状况和作用关系进行描述，缺乏对系统内部之间各要素空间关系的结构进行阐释。

② 与哈格特不同，冈恩从微观层次对旅游地域系统进行研究，进而提出了旅游目的地地带的概念，并认为它由吸引物组团、服务社区、中转通道和区内连接通道四个要素组成，这些要素相互作用形成了一个完整的旅游地域系统。显然，冈恩从目的地地带出发，对要素的提取仅仅限定在区域系统内部，不可能考虑目的地地带的外部因素。他的研究缺乏对目标市场与系统内部空间结构相互作用关系进行描述，也没有考虑外部游客进入旅游区域内部的方式以及对区域旅游业发展的影响，所以他的研究也不能完全反映旅游地域系统的实际情况。

上，主要有宣传促销平台、投融资平台和建设经营平台。

其次，体现在政府投资建设基础设施方面。基础设施是公共领域建设，既有赢利性的也有非赢利性的。对于非营利性的基础设施建设，如文化体育、医疗保健及立体交通网络等，投资建设的主体是政府，而不是逐利的企业。对于营利性的基础设施建设可以由企业或政府与企业共同投资。在流域旅游开发中提高流域内河流的通航能力是旅游发展的独特优势所在。

2. 空间竞合模式

空间竞合模式是针对主导旅游资源相似的临近地域提出的一种旅游发展模式。此处所提竞合是指基于竞争前提下的有机合作，其实质是推动和实现区域旅游的一体化。由于流域经过的地域广阔，在流域旅游开发过程中必然会遇到行政区划的问题。因此，在积极促进旅游者、开发技术和企业资金等在流域内无障碍流动时，需要各行政区划内的政府和企业在流域旅游空间上形成合作竞争的意识。竞合摸式对旅游空间竞争和空间合作的关系可以起到显著的协调作用，实现"双赢"甚至"多赢"的区域旅游发展格局。我国的长江流域旅游开发、珠江流域旅游开发、云南红河流域旅游开发、西江流域旅游开发等都在逐步朝着空间竞合模式发展。

3. "四统一"管理模式

流域内旅游资源的开发管理应注重全局性、整体性，为了避免流域内恶性压价竞争，损害国家利益、经营者利益和旅游消费者的利益，同时避免市场需求不能得到满足，应该在充分考虑利益相关者之间的利益关系、旅游市场需求的多元化基础上，实行"统一票证、统一售票、统一调度、统一结算"的四统一管理。这种管理模式可以保障正常的运输市场秩序，标准的服务质量，同时也能大大提高行业管理的科学性和规范性[75]。

(三)区域协调机制分析[76]

1. 高层对话机制

流域旅游开发主要是政府主导的，因此政府高层的意愿表达和沟通对合作的未来起到了"提纲挈领"的作用，也是把流域旅游开发纳入国家战略和政策影响的主要渠道。因此，流域旅游开发的政府高层对话应该常态化，以保证流域开发获得国家和地方政府的支持，保持相关政策诉求顺畅、真实地传达。

2. 协调决策机制

政府高层意愿表达后，政府相关主管部门应该积极协调各方，形成正确决策，将之下达至基层执行单位，并实施决策后项目监控与管理。因此，主管部门的协调决策传达应该及时化和常态化，保证决策的准确和及时下达，以及良好的决策后监控管理。

3. 事务处理机制

决策的执行力依赖于基层单位，包括流域旅游开发的常设机构、相关的旅游企业、相关的旅游组织等。其中，流域旅游经济常设办事机构相当重要，是流域旅游管理链条的关键环节，是处理合作开发和建设中的日常事务的唯一机构。一般的区域经济合作体都会设立合作委员会，委员会下设常驻办事机构，如澜沧江-湄公河次区域合作在云南省政府和云南省旅游发展委员会都设立了办公室。因此，设立流域旅游事务处理办公室，并保证事务处理工作日常化，是决定流域经济圈建设成功的关键。事实上，是否设立流域旅游经济事务处理办公室在一定程度上反映了合作各方的合作意愿的强弱，也决定了流域旅游合作发挥作用和影响的大小。

4. 利益分享机制

由于各方合作能力和意愿往往并不均等，因此必然存在弱势方和强势方的问题。流域旅游开发要从机制、体制和政策的层面保证合作各方都能够各尽所能、各取所需，实现利益分享公平化和公正化，构建和谐的持续合作利益分享机制。

5. 旅游论坛机制

旅游论坛的设立主要用于吸纳学界、民间、业界等人士和力量参与到流域旅游圈的研究、建设和管理中来，同时也搭建一条非政治化的官方与非官方的交流沟通渠道。通过旅游论坛机制能够实现产、学、研、用的一体化发展。

三、组织管理模式的选择

从以上的分析中可以看出，不同流域的旅游开发的组织管理模式具有各自的独特性和不可模仿性。但都具有显著的一般性特征：富有活力的机构能力；明确而可行的行动目标导引；制度化的运行机制；必要的财政（基金）支撑。因此，要实现流域旅游开发的组织管理创新，这些应该都是必须满足的最基本条件。

目前，中国的流域旅游合作开发是在跨行政区域基础之上的区域合作共同体。为了消除地方成员单位利益对区域共同利益的侵蚀，就必须在以行政区为基本成员单位的层面上形成共同的合作开发机制，以各成员单位共同关注的共同体利益为基本出发点，激活组织机构能力，规范合作框架与机制，制订切实有效、有序、互利的行动计划，并创造制度化的监督、检查、评估、创新机制等必要财政（基金）条件。

因此，我国进行流域旅游开发组织管理模式建立的关键点在于：在维系中央统一政策权威和区域公平政策的基础上，打造政府间合作协调的区域性认知共同体。这种认知共同体在地理空间上是以相同流域为联系而形成的，在行政区架构中，可以是省级政府之间的合作共同体，也可以是跨市县的合作共同体。认知共同体是对中央全局政策的区域化响应，共同面对流域外部性问题和跨界问题的挑战，其机构行动能力取决于认知共同体行动目标的价值取向及其与各方利益的关切程度。由此而形成的组织管理模式，是基于认知共同体的流域旅游开发合作创新的主要任务。

第四节　流域旅游开发存在的问题及成因

一、流域旅游开发存在的问题

（一）资源归属争议严重

旅游资源的空间地域可能位于两个或两个以上相邻行政区的边缘地区。这种在行政边界区域形成的、为多个行政区分别拥有的旅游资源由于涉及行政区划的界线，极容易引起归属上的争议。由于上、下游旅游资源质量不同，那些质量较高且处于行政区划交界地带的旅游资源（如哈尼梯田文化旅游产品），往往成为各地区争夺的焦点[77]。归属问题的争议不仅阻碍了对资源的统筹开发，也为开发及运用过程中的权责问题带来了隐患。

白洋淀位于河北省中部，素有"华北明珠"之称；366km² 的水域内分布有143 个淀泊，3700 条沟壕纵横交错，39 个小岛点缀其中，水生植物遍布，水产资源丰富，具有丰富的自然旅游资源。这个我国海河平原上最大的湖泊地处保定、沧州二市交接地带，横跨安新、雄县、高阳、荣成、任丘5县（市）边界。长期以来，围绕景点界线的纷争一直不断。虽然安新县成立了白洋淀景区管理委员会对其统一管理，但其他县也同时在这片湖区上进行着旅游开发，对所有权问题的争议导致白洋淀景区内各景点布置缺乏整体性。类似的困境也存在于位于四川省凉山彝族自治州盐源县与云南省丽江市宁蒗彝族自治县之间的泸沽湖。

（二）环保跟不上开发的步伐

旅游开发活动不可避免会对自然生态环境产生影响，各种大型开发项目的建设，必将使森林植被遭到破坏，生物多样性锐减，水土流失和自然灾害情况加剧。在建设开发与环境保护中取得最大的综合效益是发展的目标之一。但在实际开发过程中，代表经济利益的指标被过度看重，而随之而来负面效益则要在达到一定程度并产生重大影响之后才会被予以重视。

抚仙湖是旅游业发展迅速的高原湖泊之一，但人们对其资源保护力度不够，环境污染日益严重。旅游迅速升温的同时，盲目开发、破坏性开发现象日益突出，部分居民围湖造田。在抚仙湖西北岸，湖滨带生态建设及治理不容乐观。湖周山区也存在乱砍乱伐、乱建设施等严重破坏自然景观和生态的行为，使抚仙湖景区森林覆盖率大大减少。沿江川县景点"阳光海岸"的公路边，分布着大大小小的浴场、酒店及度假中心，各式各样的餐馆有上百家，但其对生活污水的处理能力急待提高。一些较大的酒店建造了污水处理系统，但是还有大部分的小旅馆未建造任何污水处理设施。因为用水方便，一些小餐馆用一根长长的皮管直接把水接进了厨房，用过后又让水随着排水沟流进了湖中。对抚仙湖旅游业的可持续发展来说，环保措施不能及时跟上发展的速度将对游客体验甚至景区未来的发展产生不可逆转的负面影响。

在漓江流域旅游开发过程中，从桂林至阳朔的83km漓江河段，是漓江的精华河段。伴随着旅游业的发展，该流域的经济和人口迅速增长，同时大幅增加的还有城市生活污水排放量，其中桂林市区每天就有数万吨生活污水和大量工业废水排入漓江。但城市污水处理设施却跟不上发展的需要，地下水管网设施和管理措施不配套，部分城市生活污水和工业废水未经处理直接就排入河流。沿岸乡镇企业、养殖业也发展迅速，农业生产过程中还大量使用化肥。发生洪水时，大量垃圾、泥沙、油污和化肥进入河道，导致水质含氧量降低。部份工业废水和医院废水处理设施不能正常运行或废水经处理后却达不到排放标准，第三产业污水排放对漓江水质造成油类污染和有机类污染。而河流自身的水环境容量小，自净能力有限，到了枯水期，河流稀释与自净能力显著下降，河流污染逐渐加重。另外，枯水期游船无法通航，为了便于通航与水厂取水，浅滩深挖、河床渠化，严重破坏了山水自然景观，再加上枯水期水量太小，也大大影响了漓江的观赏价值。

(三)投资资本来源途径少

目前，流域旅游投资主要依靠财政性资金和信贷资金市场，而较少利用资本市场，特别是在利用政府间和国际金融机构的资金和援助方面基本处于空白状态。随着流域旅游项目大型化和区域化，旅游业的单体投资规模应相应增大，单一的投资商往往难以完成一个大型项目的投资活动。没有相应的产业发展基金（产业投资基金），相关机构无法将分散的资金集中起来，导致规模投资能力和投资效益相对较差。

都江堰风景名胜区有迄今为止世界上保存最为完好的、历史最为久远、以无坝引水为特征的生态水利工程，其融资主体为都江堰管理局，长期以来其发展一直由政府主导，景区的融资方式主要为政府财政拨款、银行贷款、景区收入积累等传统方式。在对社会资金的利用上，较多依靠资金市场，而非资本市场。在"5·12"地震中，都江堰景区部分文物受到了不同程度的破坏，在灾后恢复重建过程中，都江堰市将都江堰景区与城区进行一体化打造，恢复城区历史文化名城的格局，在景区则主要是对基础设施进行恢复性建设。由表 2-1 可以看出，都江堰景区重建项目建设资金都来源于中央补助和银行贷款。此外，都江堰市都江堰风景名胜区管理局分别以门票质押款、土地抵押、房产抵押等方式向信用社、农行、交行、中行等金融机构贷款，取得景区建设及营运资金。民间资本的运用在该景区的融资渠道中体现很少。

表 2-1　2010 都江堰景区重建项目建设资金筹措计划表

资金筹措 项目名称	预计投入 /万元	资金来源		备注
		上级补助 /万元	存量资金 /万元	
玉垒阁	3000	3000	—	中央灾后 重建补助
二王庙片区综合整治	2000	2000	—	
王庙片区古建筑	12600	12600	—	
清溪园	1000	1000	—	
荟萃宫重建	3000	3000	—	

项目名称　　资金筹措	预计投入/万元	资金来源		备注
		上级补助/万元	存量资金/万元	
群艺馆	400	—	400	中国人民银行贷款
都江堰景区基础设施维护	1500	—	1500	
松茂古道文化展示点维修	400	—	400	
合计	23900	21600	2300	—

数据来源：都江堰市 2012 国民经济和社会发展统计公报、都江堰市统计信息网。

（四）区域内地区旅游绩效差异大

流域内不同地区由于经济发展水平、基础设施、资源禀赋、可进入性等原因，在旅游发展方面存在着一定的差异。旅游活动过度集中在整个流域上的某几个甚至某一个点上，既给热门地区的环境和接待容量带来巨大的压力，又无法体现流域旅游对相对不发达地区的带动作用。

表 2-2 列举了黄河流域内的青海、四川、甘肃、宁夏、内蒙古、陕西、山西、河南和山东 9 个省区 2012 年的旅游景区数量和旅游接待酒店数量。这两个指标是地方旅游业投资力度、旅游交通通达度、城市旅游经济水平、各类型旅游资源开发的重要表征，可以反映目前黄河流域不同地区存在的巨大旅游绩效差异。黄河流域 9 个省区中旅游业发展水平最高的是山东省，其次是四川省和河南省，陕西省、山西和内蒙古几乎处于目一个阶梯上，而青海、甘肃和宁夏 3 个省区旅游发展水平明显滞后。

表 2-2　2012 年黄河流域各省旅游景区及接待酒店数量

旅游地	旅游景区数量/个					旅游接待酒店数量/个				
	5A	4A	3A	2A	A	5X	4X	3X	2X	X
山东	6	37	61	21	6	24	150	475	244	2
陕西	5	21	28	23	0	8	37	148	76	0
内蒙古	2	19	27	48	6	7	16	79	126	11
河南	11	55	26	21	0	10	57	192	123	4
山西	3	23	1	25	7	9	46	104	96	0
四川	5	33	17	51	0	16	67	163	143	6
青海	1	9	2	3	0	1	12	46	43	3

旅游地	旅游景区数量/个					旅游接待酒店数量/个				
	5A	4A	3A	2A	A	5X	4X	3X	2X	X
宁夏	3	4	3	8	1	1	10	39	7	0
甘肃	3	28	7	30	2	3	37	134	123	14

注：A表示旅游景区，X表示旅游宾馆饭店的星级。

二、流域旅游开发存在问题的主要原因

(一)缺失有效管理机构

　　流域旅游资源分布在沿流域的各个行政区域内，涉及大量的物质和人文资源，且这些资源受不同地区的不同主管部门管辖，这就在一定程度上为该流域旅游资源的统筹开发设置了障碍。例如，水资源主要由水利部门负责管理，水资源管理的各项具体内容则基本按照行政级别和区域划分分散到各个部门，形成了水资源管理部门分割和地区分割的局面，违背了水资源不可分割的客观规律，破坏了水资源的流域性和完整性[78]。与我国绝大多数流域管理一样，嘉陵江流域旅游管理体制混乱，同一个景区常常出现林业局、建设局、旅游局、环保局、文化局、工商局、公安局和宗教局等多头管理的现象。各部门都希望参与景区管理，管理机关过多，看似加强了管理，实则管理缺位，政出多门现象突出。

　　高级别统筹管理机构的缺失、管理体制不完善、职责不清、政企不分、事企不分、交叉管理等问题突出，造成在整体性开发和保护生态环境等工作中出现矛盾，不利于各种问题的有效解决，成为流域旅游整体开发管理的一大障碍。

(二)合作机制不完善

　　流域跨越多个地区，没有完善的合作机制，就很难真正实现资源优势互补、信息互送、工作互助、资本引进、线路互建、宣传互动和组团互惠等合作[79]。例如，在旅游宣传促销上，就缺乏联合促销措施，且观念陈旧。流域内各城市若只顾自己区域内景区景点的独立宣传，不愿联合资源禀赋相似的临近地区，则即使投入高额的营销成本，也有可能因为形象屏蔽而达不到相应的宣传作用。对于流域内经济发展相对不发达的地区，如果不与友邻在基础设施建设、旅游线路打造、景点组团打包等方面建立合作关系，就很难有效地回避自身在资金、经验和

知名度等方面的劣势。

(三)综合效益未兼顾

旅游发展的效益涉及社会、经济和文化等多方面,而流域旅游大都覆盖了广袤的区域,所以在开发之初就应考虑兼顾多指标、多地区的综合效益。流域旅游是依流域而发展的,若没有良好的生态环境就无法持续发展。随着流域内旅游活动的开展,水土流失、水体污染、水域减少等问题会随之出现,地域文化独立性也会受到威胁,这些经济指标所不能反映的影响都同时决定着流域未来的发展。水体的流动性也使流域旅游的开发对环境保护方面的要求更高。开发过程中若不能兼顾这些综合效益,则这种恶性循环会使旅游地只能名噪一时。

流域上各城市和地区旅游绩效差异影响着城区之间合作的意愿与效果,若只关注知名度高的地区的发展指标,就会形成观念偏差或表面繁荣的假像,对流域整体的发展效益则不能均衡兼顾,那么也就无法达到整体开发、共同发展的目的。

(四)规划缺乏科学论证与公众参与

在制定流域旅游总体规划和确定工程项目时,应将流域工程建立在科学论证的基础上,以保证战略决策不失误或少失误,确保不是为了开发而开发。并且,应重视同有关高等院校、科研机构和企业集团的科研力量进行合作,保证规划和工程科学可行、万无一失。而目前一些流域旅游在开发过程中,缺乏全面的科学论证。有的流域沿线景点及基础设施分布不均,导致游客集中在流域中的某几个点上,从而忽视了流域旅游的区域带动作用;有的旅游项目建立在现有水库、水坝的基础上,但安全保障措施不到位,忽视了安全风险;有的地区盲目发展,轻视市场需求,在追求大项目的过程中"闭门造车",投入资金巨大但却被市场抛弃。

另一方面,多数流域旅游的规划开发是由政府主导,而很少安排公众参与。如果旅游开发缺少对在当地生产生活的民众的直观感受与意见进行思考,就缺少对当地资源的感性认识,那么旅游开发就会变成纯理性的工程化活动,也使开发者缺少了对某些社会性、偶然性问题的了解途径。

第三章　流域旅游资源的管理

流域旅游资源涵盖了流域上所有具备旅游吸引力的物质和人文资源。根据流域旅游以水系为连接的特点，本书将流域旅游资源分为亲水旅游资源与近水旅游资源两种类型。亲水旅游资源是指流域上以水为依托而存在或产生的自然和人文旅游资源，包括河流、湖泊、瀑布、泉水、冰川，以及这些水体附近的景观与文化；近水旅游资源则是指沿流域但不以水体为主要观赏和体验内容的旅游资源。

第一节　流域旅游资源特性

流域旅游资源具有资本的本质特性，即价值性、收益性、存量性和区域性。所以，可以将流域旅游资源用于投资，作为一种资本形态投入到旅游经济活动中。

一、流域旅游资源的价值性

从人类经济学的角度来看，价值包含着两个互相背离而又互相联系的构成要素：效用与费用。一方面，只有对人类社会有用的事物才有价值，价值的前提是人的需要；另一方面，人们要想获得某种效用，总是要付出一定的代价，耗费一定的成本，所以，价值是费用对效用的关系。根据价值的特性对流域旅游资源进行分析：首先，流域旅游资源具有观赏游览、游憩休闲、生态绿化、科学考察和健身等方面的效用，对满足人类的心理或生理需求具有重要的意义，表现出较高的使用价值；其次，人类在调查、勘探、开发和保护流域旅游资源，使其为旅游发展所用的过程中，投入了一定的人力和物力，凝结了人类劳动。所以，流域旅游资源体现了费用对效用的关系，是具有价值的。

二、流域旅游资源的收益性

无论是具有实物形态的流域旅游资源，还是无形的流域旅游的文化艺术和旅游品牌资源，通过市场化的开发、运作和管理，都可以产生大于其自身价值的价值，为所有者带来收益。与其他资本形态不同，这种收益不仅包括经济效益，也包括生态效益和社会效益。所以，流域旅游资源具有产生收益的能力，经过合理的开发利用，可以使其综合价值得到提升。

三、流域旅游资源的存量性

流域旅游资源从投资到收益，在时间上具有连续性，在任何一个时间点上都是可以测度的。尽管由于流域旅游资源价值构成存在复杂性和特殊性，流域旅游资源的价值一般很难直接计算，但国内外学者通过理论研究和实践摸索，已经在流域旅游资源价值的定量化评价方面作出了一些有益的探索。随着研究方法的创新，人们将会对流域旅游资源的价值进行更加准确的定量化测算，科学地反映流域旅游资源的存量特征。

四、流域旅游资源的区域性

流域是由分水岭包围的限定区域，流域内各自然要素关联度高，社会、经济联系紧密，人口、资源和环境等地域要素整体性较强。流域内各地区间的相互影响也极为显著，流域上、下游地区更是相互联系且密不可分，流域作为流域旅游资源的载体，使得流域旅游资源具有和流域相同的特性。因此，流域旅游资源同样具有区域性这一特征，即流域旅游资源具有一定的区域性和整体性。

第二节　流域旅游资源的质量管理

一、质量管理概述

1. 内涵

旅游资源质量管理是旅游质量管理的核心，其内容包括对旅游资源的保护和开发利用，具体来说就是对旅游资源的质量要素、质量特性和质量等级，以及旅游资源开发利用过程(或程序)进行的分析。由此，可以认为流域旅游资源质量管理就是对流域旅游资源的质量要素、质量特性和质量等级，以及流域旅游资源开发利用过程(或程序)进行的分析。

2. 特性

流域旅游资源质量管理具有以下特性：管理主体的类型杂、层次多；流域旅游资源本身的复杂多样性；管理目标的特殊性；管理手段的多样性。

管理手段包括标准、规划、策划、政策、法律、教育等方面。其中政府以政策法律法规为主；企业(景区)以制度和标准、规划或策划为主；社会以教育为主。

二、标准质量管理

(一)标准质量管理的内涵

流域旅游资源标准质量管理的内涵包括：流域旅游资源的保护标准化；流域旅游资源的开发利用过程标准化。具体标准有：①资源类型标准化；②质量等级标准化；③经营过程标准化。

(二)标准质量管理的实施

1. 实施主体

政府主要负责制定和执行政策与法令，行业性组织(协会)或龙头企业负责形成标准和推广标准，学术界则提供相关研究成果。

2. 实施过程

标准质量管理的实施过程主要包括以下内容：①对流域内旅游资源进行全面调查；②依据相关标准制定流域旅游资源分类分级评价的项目依据和等级指标，并形成体系；③分别进行流域所经过地区各类旅游资源（包括各级各类旅游景点和景区）的等级划定与评定；④颁布有关流域旅游资源定量定型的国家标准，并制定有关法律法规或管理条例加以保障；⑤建立国家和省（自治区、直辖市）两级旅游资源信心数据库和档案管理中心；⑥根据对流域旅游资源的保护原则和开发利用时间，对流域旅游资源经营进行划分与评价；⑦严格按照流域旅游资源的管理标准进行流域旅游资源的保护和开发利用，加强行政审批和执法力度。

三、流域旅游资源全面质量管理

（一）全面质量管理的定义

流域旅游资源全面质量管理是运营主体以旅游资源质量为中心，以多方参与为基础，目的在于通过让游客满意和各参与方及社会受益而达到可持续发展的管理途径。

流域旅游资源全面质量管理以"综合效益、保护第一、预防为主、质量教育、持续改进"等理念为基础，具有"三全二多一体"的特点，即全方面（管理对象）、全过程（管理环节）、全人员（管理主体）、多方法、多层次、一体化。

（二）全面质量管理的基本方针

（1）坚持以人为本，把游客和社区居民的满意度作为流域旅游资源质量管理的价值导向。努力提高旅游设施、产品、服务、管理的人性化、科学化水平，更好地满足游客日益增长的旅游消费需求，促进游客满意度继续稳步提升。

（2）坚持诚信守法，把诚信旅游作为流域旅游资源质量管理的重要基础。倡导旅游企业诚实守信、合法经营，完善旅游诚信体系，规范旅游市场秩序，形成激励守信、惩戒失信的旅游质量信用监督机制。

（3）坚持以质取胜，把"质量强旅"作为流域旅游资源质量管理的核心和理念。构建流域流经的各地各级政府部门监管、企业主体和行业自律、社会参与的旅游资源质量管理工作格局，推动旅游业做实基础、做精产品、做优服务、做大品牌、做强产业，依靠旅游资源全面质量管理创造竞争优势，增强流域旅游的核心竞争力。

（4）坚持安全发展，把安全旅游作为流域旅游资源质量管理的基本要求。强化旅游安全意识，落实旅游安全责任，加强旅游安全监管，加强旅游安全风险管理，提高旅游安全保障能力，妥善处置旅游突发事件，切实保障广大游客的生命财产安全。

（5）坚持夯实基础，把基础建设作为流域旅游资源质量管理的保障条件。深化理论研究，加强旅游法治建设，加强旅游人才培养，推进旅游标准化和旅游公共服务体系建设，不断完善有利于旅游资源质量管理的体制、机制。

（6）坚持创新驱动，把质量创新作为流域旅游资源质量管理的强大动力。充分运用现代科技提升旅游产业发展素质，推进流域旅游资源质量管理体制、机制的创新，推动旅游产品和旅游业态创新，增强旅游创新能力和旅游发展活力。

（三）流域旅游资源全面质量管理的组织实施

1. 加强组织领导

流域所涉及地区的旅游行政管理部门要在地方各级人民政府的统筹领导下，推动建立流域旅游资源全面质量管理工作制度，研究解决和协调处理流域旅游资源质量问题，督促检查相关管理工作的贯彻实施情况。由国家旅游局牵头会同质检、国土等部门研究建立多部门推进流域旅游资源质量提升的长效合作机制，联合部署相关工作及年度性专项活动。各级地方旅游行政管理部门要按照国家旅游局的部署和要求，把流域旅游资源全面质量管理纳入本地区旅游发展规划，加强政策引导，推动将流域旅游资源质量管理工作列入重要议事日程和各级政府质量绩效考核体系，制定落实流域旅游资源质量管理的阶段性或专项性行动计划或实施方案，明确目标责任，加强部门合作，认真组织实施，定期组织召开相关工作会议，研究部署具体工作，切实提高流域旅游资源质量管理的组织保障水平。

2. 完善配套政策

流域旅游资源所在的地方各级旅游行政管理部门要围绕旅游资源全面质量管理的总体目标，实施促进流域旅游资源质量发展的相关配套政策和措施，加大对流域旅游质量和流域旅游公共服务水平提升、流域旅游品牌建设、流域旅游科技应用等方面的政策和财政支持力度。推动建立各级政府质量奖励制度，对流域旅游服务质量创优、流域旅游技术标准创新、流域旅游品牌创建、流域旅游诚信建设等方面取得突出成绩的单位和个人给予奖励。

3. 狠抓工作落实

流域所在地方各级旅游行政管理部门要联合相关部门充分发挥职能优势，加强协调配合，将落实流域旅游资源质量发展的中长期规划同解决当前突出质量问题相结合，有针对性地解决重点旅游资源质量问题。同时要结合本地区的实际，层层分解和落实上级确定的发展目标和重点任务，夯实流域旅游资源质量基础，推进流域旅游资源质量管理工作，加强流域旅游资源质量管理保障，提高流域旅游资源质量水平。

4. 强化检查考核

流域沿线各级旅游行政管理部门要建立落实流域旅游资源质量管理的工作责任制，对相关工作的实施情况进行严格检查考核，务求取得实效，确保完成流域旅游资源全面质量管理的各项工作目标，并对具体工作实施过程中取得突出成绩的单位和个人予以奖励。

第三节　流域旅游资源的资产化经营管理

一、资产化经营管理概述

资产化经营管理是一种顺应市场经济体制的经营管理方式，可以使流域旅游资源在市场的作用下被开发、利用和流转，使流域旅游资源得到更加有效地利用，达到流域旅游资源的优化配置，促进流域旅游业的良性循环，实现流域地区生态、经济、社会协调和可持续发展。

流域旅游资源，无论是天然的或经过人类劳动创造的，还是与历史文化相关的，经过合理地开发及有效地经营管理，都可以为人类社会带来收益。按照经济学的观点，流域旅游资源无疑是旅游资产，既然是资产，就应该作为资产来经营管理。所谓流域旅游资源的资产化经营管理，就是在国家政策和法律允许的条件下，以流域旅游资源的有效保护和可持续发展为前提，以流域旅游资源的所有权、经营权、监督管理权三权分离为基础，以提高流域旅游资源的利用效率为目的的一种新型流域旅游资源开发、运作和管理体制。

二、资产化经营管理存在的问题

目前，流域旅游资源资产化经营管理存在如下问题。

(1)流域旅游资源资产化经营管理路径选择混乱，包括行政权、所有权、经营权管理路径混乱，国家所有权受到多元分割。

(2)流域旅游资源资产化经营管理缺乏对其价值的认识。重经济价值轻生态环境价值，区域间对流域旅游资源价值认识不统一，缺乏对流域旅游资源资产化经营管理的意识。

(3)流域旅游资源资产化经营管理缺乏有效管理体制。

(4)流域旅游资源资产化经营管理缺少成熟资产评估体系，流域旅游资源的价值评估是实现资产化管理的关键技术环节。

三、资产化经营管理的途径

针对上述问题，本研究认为流域旅游资源资产化经营管理应以"实现流域旅游资源的一体化经营管理，使流域旅游资源的所有权、经营权适当分离，加快流域旅游资源－流域旅游产品－流域旅游商品的转化速度，提高区域旅游经济水平，实现流域旅游的可持续发展"为目标，以"系统化、效益协调、市场化、资产保值增值"为原则，建立一种高效的、科学的管理运作和配置体制，以保证流域旅游资源的可持续利用，提高其利用效率，实现流域旅游资源本身的价值。为此，流域旅游资源资产化经营管理具体途径包括如下内容。

(1)通过对流域旅游资源的分类、分级、分区、分项目开发和管理，区分出需要严格保护的流域旅游资源和可以进行资本化的流域旅游资源。对于适合资本化的流域旅游资源，可以采用租赁经营、买断经营、股份经营、上市经营、BOT合营等模式，通过经营权的租赁、转让、入股等方式，实现流域旅游资源的市场化开发和运营，从而拓宽旅游融资渠道，优化资源配置，实现价值的增值。

(2)把目前的流域旅游资源事业型管理模式转变为经营型管理模式，以便充分发挥流域旅游资源的经济价值，同时确保国家所有权的经济利益。

(3)实行有偿开发利用、有偿使用制度，实现流域旅游资源的产权可流转性，使资源产权可参与到商品交换过程中，从而促进区域旅游资源配置的合理化、旅游产业结构的优化和资源经济效用的最大化。

（4）建立流域旅游资源的核算制度、规划制度、补偿制度和监督制度，将开发利用所得收益再投入到与流域资源相关的事业中，最终形成流域旅游资源保护、开发、利用的良性循环，使流域旅游资源在社会的再生产循环过程中不断地增值积累。

第四节　流域旅游资源的一体化经营管理

2009 年国务院出台《关于加快发展旅游业的意见》，提出"要按照统筹协调、形成合力的要求，创新体制机制，推进旅游管理体制改革，支持各地开展旅游综合改革和专项改革试点，鼓励有条件的地方探索旅游资源一体化经营管理"，对促进区域旅游合作与组织管理一体化具有重要而积极的意义。由于流域旅游的地域分异性，以致部门分割、区域分割、利益分割的矛盾突出，流域旅游资源管理和开发难以形成合力，影响流域旅游突破发展。流域旅游资源是流域旅游产品的基础性依托，是流域旅游产业的核心要素，流域旅游资源的一体化经营管理关系到流域旅游合作开发与组织管理的成效。

流域旅游资源一体化经营管理是在尊重游客对流域旅游资源整体感知和遵循流域旅游自身发展规律的前提下，结合各地实际，采取相应的方法来打破部门或区域的分割经营管理，统筹协调各方面力量进行统一经营管理，实现流域旅游资源的整体管理和开发，从而全面提高流域旅游资源的保护效果和利用水平。

一、一体化经营管理的意义

（一）一体化经营管理模式，强化了监督职能，理顺了经营管理关系

实行一体化经营管理模式，理顺了流域内不同行政区域与整个流域旅游资源之间的经营管理关系，可彻底解决各地方之间争夺旅游资源的现象。同时，采取集权与分权相结合的办法，把旅游收入集中起来，实行流域旅游资金的统筹管理，合理调剂，使有限的资金发挥出最大的使用效益。

（二）实行一体化经营管理，弱化了行政区划带来的利益区分

实行一体化经营管理模式，可以大大提高旅游资源开发的效率，增强其时效

性。在流域旅游资源的经营管理中，把沿流域的各地方政府的相关权力全部收上来，由统一的机构行使，不但避免了地方各自为政的现象，也能够更好地配置流域旅游资源，形成更大的吸引力。

(三)一体化经营管理是提高流域旅游资源管理水平的需要

随着我国经济的快速发展，各地的交流日益密切，同城化、一体化趋势明显，经过多年的实践，一体化经营管理在交通、电信等行业取得了良好的效果。对于流域旅游资源这一特殊的对象，随着时间的动态变化，分散经营会导致各地方之间的协调越来越复杂，矛盾越来越多，解决问题也会越来越困难。流域旅游资源经营管理功能和效率发挥的高低，不能只是靠某一个或某几个资源点管理的有效性，而是靠整个流域旅游资源经营管理的整体有效性。这是系统论的整体性原则。在多个经营管理模式同时作用于流域旅游资源管理时，如果不能相互协调、相互补充、相互衔接，不仅不能发挥整体功能，还可能会相互造成负面影响，其结果势必降低流域旅游资源经营管理的整体有效性。因此，流域旅游资源一体化经营管理，完全是流域旅游自我发展、自我完善的需要。

(四)流域旅游资源一体化经营管理是提高流域旅游效益的重要途径

由一个机构设计一套文件进行统一控制，使流域旅游资源开发涉及的所有活动和过程都规范化、制度化，这样大大提高了流域旅游资源的管理效率。通过一体化审核，获得流域旅游资源开发的相关手续，经营主体可以用较少的成本投入，较少的时间，实现多个目标，从而达到提高效益的目的。

(五)流域旅游资源一体化经营管理是增强流域旅游资源市场竞争力的重要手段

随着产业转型的不断推进，旅游业快速发展，旅游市场的竞争日益激烈，流域旅游面临来自多方面的竞争。过去分散式的经营模式将会让流域旅游很难获得竞争优势，只有一体化经营管理，才能集优势产品和服务于一体，进而满足不同游客的需求，使流域旅游在多元化的旅游市场竞争中获取胜利。

二、一体化经营管理的主要目标

实施流域旅游资源一体化经营管理，要从流域旅游资源的自身特征及客观完整性出发，遵循旅游市场的认知特性和旅游产业发展规律，着眼提高旅游资源综合利用效率和促进旅游产业的转型升级，着力构建统筹旅游资源保护、管理和开发利用的区域合作体制机制，整合、优化、重组各类旅游资源。在区域合作的基础上，实现流域旅游资源全方位、高层面、规模化、集约化、生态化的开发利用，实现流域旅游资源的标准化管理、环境管理、全面质量管理，实现流域旅游资源统一管理、统一开发、统一保护，扩大流域旅游资源的吸引力和竞争力，实现流域旅游产业科学发展、跨越发展。

三、一体化经营管理的实现路径

（一）创新行政管理体制

流域旅游资源一体化经营管理是体制机制的创新，涉及面较广，主要环节是重构流域旅游资源的行政管理体制，包括调整相关政府部门职能、重组资源管理机构等，以此理顺行政体制，破解区域分割和部门分割的矛盾。在我国现行行政体制框架下，上层的行政体制变革只有随着国家层面的体制改革的稳步进展方可不断突破，但基层的探索创新也应当积极推进。

（二）确立利益分配机制

协调利益相关者的关系始终是流域旅游资源管理的核心问题。流域旅游资源一体化经营管理能否成功，关键在于建立合理的利益分配机制，明确利益分配格局。要处理好不同区域不同层级政府之间、政府的部门之间、政府与旅游企业及社区之间、企业与社区之间的各种利益关系，特别要注重保障社区居民利益，让群众参与进来，共享流域旅游产业开发的成果。

（三）构建法律保障体系

流域旅游资源管理是流域旅游开发的前提基础工作，要在流域区域合作组织机构的协同下，构建具有约束力的法律保障体系。在制定的流域区域合作框架协议中提出明确法律规定，使流域旅游资源一体化经营管理有法可依，并作为旅游部门和地方配套制定行政性规章的法律依据。

（四）完善政策支持体系

对流域旅游资源的统一管理与开发而言，政策支持必不可少。实行流域旅游资源一体化经营管理要做好配套政策设计，制定支持流域旅游资源整合与一体化经营管理的土地政策、财税政策、人力政策、用林用海政策、生态补偿政策等。支持流域旅游资源的"三权分离"，放开各类资本进入旅游资源开发利用的各种限制。以统一的流域旅游规划、流域旅游品牌、流域旅游标准整合旅游资源，落实一体化经营管理。

四、一体化经营管理的主要方式

以流域旅游资源一体化经营管理的实现路径为创新方向，着力于"机构一体化、区域一体化、经营一体化、规划一体化"等主要方式，实现流域旅游资源一体化经营管理。

（一）机构一体化

组建统一的流域旅游开发管理组织机构，如流域旅游开发管理委员会，将主要旅游资源的管理职能与旅游行业的管理职能统一于一个机构之中，各区域资源管理部门与旅游部门积极配合相关工作，并受其引领和整合，以化解资源管理区域行政部门分割的矛盾。

在流域组织机构内各区域探索成立流域旅游管理局或水利和旅游管理局，将主要旅游资源部门与旅游部门合并，由地方党委或政府领导直接担任或兼任资源管理机构、旅游管理机构的主要负责人，实行一元化领导。在我国现行体制下，党委政府的领导是各项工作推进的主导因素，可以加大工作统筹力度，协调各方关系，能够有效整合各类旅游资源，对流域旅游资源管理实现强有力的组织领导。通过机构调整，以旅游发展为导向，将丰富的水体资源整合利用起来，实现跨区域、跨职能的流域旅游资源管理。

（二）区域一体化

打破行政区划分割流域旅游资源的状态，将旅游资源富集区域独立出来，单独设立管理机构或一级政府，以发展旅游产业为主，统一行使资源管理职能，不仅可以实现流域旅游资源一体化经营管理，还可以统筹发展区域旅游产业。需要注意的是，这种管理方式只能在小尺度流域区域内实行，在跨省跨境的流域旅游开发中则不适用；并且需要明确管理机构的法律（包括执法）地位，并充分授权，行使完整的行政管理职能，否则一体化经营管理难以真正落实。

（三）经营一体化

将流域旅游资源的所有权、管理权与经营权进行分离，以资本为纽带，通过市场运作、企业经营，将不同类型或不同区域（相邻区域）的流域旅游资源开发经营权赋予一个独立的经营实体，协调各方利益，建立各所有权人都认可的利益分配格局，争取相关权益者的支持，统一进行流域旅游资源的开发利用。现阶段，行政手段虽然是资源配置与整合的重要方式，但在市场条件下，如果要真正实现旅游资源的有效整合，那么实现经营主体一体化是较为可行的方式，既有利于旅游资源管理的整合与开发经营的统筹，又在一定程度上可以回避部门分割、区域分割、利益分割等难以协调的矛盾，实现流域旅游资源的规模经营、集约经营。

（四）规划一体化

在流域旅游组织机构的统筹下，编制流域旅游发展规划，可以对流域旅游区域的发展进行战略设计与方向引导，以及统筹协调旅游资源开发在利用与经营方面的问题。规划内容除了旅游资源统一管理利用之外，还应包括利益分配、旅游信息、旅游交通、旅游营销、旅游执法、旅游无障碍等方面的内容，协调各区域的水利规划、土地规划、住建规划等专项规划的衔接，保证各类规划的统一和协调，将已批规划纳入流域旅游规划并作为管理依据。

实现流域旅游资源一体化经营管理需要因地制宜，多种方式结合使用，既要体现在机构重组、职能整合、利益协调等方面，更要体现在加强领导统筹发展方面。在我国现行体制下，实现流域旅游资源的有效整合、旅游产业的有效发展，"一把手"的作用尤为重要，需要有真正重视旅游产业的主要领导，以及强势的分管领导，做到主要领导亲自抓，分管领导具体抓，几套班子协力抓，方能真正形成发展合力。

第五节　流域旅游资源管理立法

一、研究现状

法律是人类最为有效的社会控制手段和资源保护措施[80]。为有效保护旅游资源，实现旅游资源的合理开发和利用，各国都十分重视旅游资源保护的立法工作，一些旅游业比较发达的国家，已经建立了较为健全的旅游资源保护法律体系。

（一）国外旅游资源的立法现状

世界上市场经济比较发达、法治化程度较高的国家，如美国、日本和加拿大等，一般是根据旅游资源的属性来进行旅游资源的立法工作。这些国家的旅游资源立法主要呈现出以下三个特征。

1. 制定旅游基本法，确定旅游资源保护的基本原则和基本制度

旅游基本法是规定一个国家发展旅游事业的根本宗旨、根本政策原则和涉及旅游活动各主体根本性权利义务关系的法律，在国家的旅游法律体系中处于基础和主导地位。由于旅游资源对旅游业发展的重要意义，各国都将旅游资源开发、利用与保护的基本政策和原则作为旅游基本法的重要内容。例如，在美国的旅游基本法——《全国旅游政策法》的第一编中，就规定了美国世代人的旅游观光权利，这是对可持续旅游目标的明确规定；在其第二编中，则有很大部分内容是于旅游资源保护相关。又如，日本的《旅游基本法》，则专门列有"保护、培育和开发旅游资源"和"维护旅游区的景观"的重要章节[81]。

2. 针对不同旅游资源的特性，制定单项旅游资源保护法律

旅游资源是个十分广泛的概念，它包括能够吸引旅游者的各种自然事物、文化事物和社会事物。不同的旅游资源，具有不同的性质，需要采取不同的保护措施。因此，旅游业比较发达的国家，一般要针对各类旅游资源的不同特点，制定单项的旅游资源立法，这些立法是旅游法律体系中数量最多、地位最重要的组成部分。例如，日本目前已经制定了《文化财产保护法》、《自然公园法》、《河川法》、《温泉法》、《城市公园法》、《自然环境保护法》和《保护古都历史风情特别

措施法》等有针对性保护各种旅游资源的法律法规[82]。美国也针对不同旅游资源的保护要求，制定有《野外旅游条例》、《原始风景河条例》等单项旅游资源保护法律[83]。

3. 将旅游资源立法纳入环境立法体系，统筹协调资源开发与环境保护的关系

旅游业发展的基础条件是旅游环境保护。不论是文化旅游资源，还是自然旅游资源，都必须建立在良好的生态环境基础之上，因此可以说，旅游资源与环境具有高度的同一性。世界各国在发展旅游业的同时，都已经意识到旅游对资源与环境的负面影响，为了统筹协调旅游资源开发与环境保护的关系，各国一般将旅游资源保护立法融合在国家资源与环境保护立法体系之中。如日本在其环境保护基本法——《公害对策基本法》中将旅游公害纳入应当控制的六类环境公害之中，并规定"政府应努力保全绿地及保护其他自然环境[84]"。美国也在《国家环境政策法》中提出了专门关于旅游资源保护的规定[85]。

(二)我国旅游资源立法的基本现状

党的十五大将"依法治国"写入宪法，这标志着我国法制建设的又一个里程碑。作为发展最快的一个新兴产业，旅游业的各项立法工作得到了相关政府部门和专家学者的关注。特别是 2013 年 5 月 25 日颁布、同年 10 月 1 日生效的《中华人民共和国旅游法》（以下简称《旅游法》）[86]，无疑对我国旅游业发展具有重大意义。其中，该法对旅游资源的利用、开发和保护方面呈现如下特征。

1. 确立了保护和合理利用旅游资源、促进旅游业持续健康发展的立法宗旨

《旅游法》总则第一条规定，"为保障旅游者和旅游经营者的合法权益，规范旅游市场秩序，保护和合理利用旅游资源，促进旅游业持续健康发展，制定本法"。旅游资源是旅游业赖以发展的物质基础，其资源本身的质量及与此相关的管理、利用水平，直接关乎着旅游业发展的广度和深度。因此，《旅游法》将保护和合理利用旅游资源作为立法宗旨予以规定，体现了旅游资源对旅游业发展的重要性。

2. 规定了旅游资源保护与开发的辩证关系

《旅游法》第四条规定，"国家鼓励各类市场主体在有效保护旅游资源的前提

下，依法合理利用旅游资源"。关于旅游资源的保护与开发问题，一直是学术研究领域以及经济发展实践中争论的热点问题之一。《旅游法》明确规定了保护与开发利用的秩序，即利用旅游资源必须以有效保护为前提。

3. 对旅游资源的开发利用做出具体规定

《旅游法》第十八条规定，"旅游发展规划应当包括旅游业发展的总体要求和发展目标，旅游资源保护和利用的要求和措施，以及旅游产品开发、旅游服务质量提升、旅游文化建设、旅游形象推广、旅游基础设施和公共服务设施建设的要求和促进措施等内容"。《旅游法》第二十一条规定，"对自然资源和文物等人文资源进行旅游利用，必须严格遵守有关法律、法规的规定，符合资源、生态保护和文物安全的要求，尊重和维护当地传统文化和习俗，维护资源的区域整体性、文化代表性和地域特殊性，并考虑军事设施保护的需要"；"有关主管部门应当加强对资源保护和旅游利用状况的监督检查"。这些具体规定，无疑对编制旅游发展规划、保护和开发利用旅游资源具有直接的指导意义。

此外，在旅游资源保护的立法方面，在我国已制定的《文物保护法》、《风景名胜区管理条例》、《自然保护区条例》、《森林公园管理办法》等单项旅游资源保护法律法规和规章，以及在《环境保护法》、《森林法》、《野生动物保护法》、《水法》和《野生植物保护条例》等法律法规中也有相关的规定。这些法律法规对于保护旅游资源、促进旅游资源的合理利用等方面起到了十分重要的作用。

从法律体系来分析，我国现行的旅游资源立法主要包括两个部分：有关旅游资源污染防治和环境保护方面的法律法规；有关旅游资源保护与开发利用方面的法律法规。

有关旅游资源污染防治和环境保护方面的法律法规主要有：《环境保护法》、《环境影响评价法》、《固体废物污染环境防治法》、《水污染防治法》、《大气污染防治法》、《噪声污染防治法》、《海洋环境保护法》和《建筑项目环境保护管理条例》等，以及其一些法律的实施细则。另外，在《宪法》、《刑法》和《民法》等法律中也有关于旅游环境保护的条款。国务院或地方人大、政府还制定了大量有关环境保护与污染防治方面的行政法规、地方性法规和规章。尽管这些法律法规很少专门针对旅游活动中的环境问题进行特别的规定，但在旅游资源的保护实践中，这些法律法规还是起到了十分重要的作用。

有关旅游资源保护与开发利用方面的法律法规主要包括：《文物保护法》、《风景名胜区管理条例》、《森林公园管理办法》和《旅游发展规划管理暂行办法》

等，以及《森林法》、《野生动物保护法》、《野生植物保护条例》和《自然保护区条例》等自然资源保护法律法规中有关旅游资源的保护条款。此外，全国绝大多数省份颁布了旅游管理条例或旅游资源保护条例。这些法律法规是旅游资源保护和合理开发利用的法律保障。但是，受我国旅游法制大环境的影响，旅游资源的这些立法同样也存在着很多缺陷，需要加以改进和完善。

二、存在的主要问题

（一）立法层面存在的问题

1. 部门立法多，立法层次低

我国还没有建立旅游资源统一管理的体制。从法律层面看，尚无专门的旅游资源管理法律，现有旅游资源立法多为国务院制定的行政法规和各主管部门制定的部门规章。由于法规和规章在法律体系中处于较低的层次，权威性相对较弱，不利于旅游资源的依法管理和保护。并且，由于部门利益不同，立法目的不统一，制定的制度措施也就各不相同，时常会产生冲突和矛盾，这也很不利于上述法规和规章的贯彻实施。

2. 旅游资源单项立法不够完善

我国现有的旅游资源立法远远不能满足旅游资源保护工作的需要，还存在着很多的空白点。例如，历史文化区中的历史文化名城、全国重点烈士纪念建筑物保护单位等，都还没有制定专门的法律法规；很多文物保护单位的管理依据还是本地区或本部门的红头文件，这些文件中的很多规定（如处罚规定）与现行的有关法律法规相冲突，在实践中很难有效地起到保护和促进旅游资源合理利用的作用。又如，我国拥有的世界自然与文化遗产，是我国旅游资源的重要组成部分，但是，到目前为止还没有制定一部关于世界自然与文化遗产的法律。另外，现行的旅游资源立法也比较简单，规定笼统，可操作性不强。

3. 缺乏旅游环境保护立法

我国还没有制定专门的旅游环境保护立法。旅游区对环境的质量要求比较高，但是，目前我国环境保护法和污染防治法的标准还比较低，这两者之间存在着一定的差距。必须加强旅游资源环境保护和污染防治方面的立法，给旅游区单独制定更高的环境质量标准和更为严格的污染防治措施。

4. 旅游资源产权制度不完善

在我国颁布的众多法律法规中，对旅游资源的产权关系都有相关的规定。如中华人民共和国《宪法》第九条规定：矿藏、水流、森林、山岭、草原、荒地和滩涂等自然资源，都属于国家所有，即全民所有，按法律规定属于集体所有的森林和山岭、草原、荒地、滩涂除外。国务院颁布的《关于加强风景名胜区保护管理工作的通知》中规定：风景名胜资源属于国家所有。这些规定反映出旅游资源的具体组成部分中绝大多数都具有国家或集体所有的特点，而国家作为一个抽象的概念不可能具体对资源进行使用和管理，因此就由各级行政管理部门代替国家行使这一权利。然而，基于我国旅游资源产权的现实，在具体工作实践中，由于受资源管理体系及其法规、制度安排的影响，我国旅游资源长期以来存在着产权关系界定不清、制度安排不够合理等问题，出现了旅游资源粗放经营、低效配置、质量下降、环境污染加剧等负面效应。特别是近年来，随着旅游业的快速发展，出现了旅游区经营权的转让现象不断增多的情况，使旅游资源产权制度成为人们争论的焦点，凸显了旅游资源产权制度管理立法的缺陷。

(二)法律效力方面存在的问题

1. 旅游资源管理法规的实效性不强

目前我国已经先后制定了多个具有促进旅游业发展的基础性建设意义的法规和条例，为我国旅游事业的发展提供了有利条件和可靠保障。但在旅游资源的具体开发工作中，对于如何界定旅游资源开发范围和标准，明确旅游资源所有权和经营权归属，明确旅游资源开发管理者以及普通游客的具体行为对旅游资源造成严重破坏后所应承担的责任等问题还存在一定难度。应进一步健全和完善相关法律规章制度，加强对旅游资源开发利用的法制建设，真正做到以法制的手段规范管理旅游资源的开发工作。

2. 法律责任规定不清晰且难以实施

我国目前有关旅游资源的法律法规对违法者应承担的法律责任规定不清或未做规定，使法律缺乏应有的效力。如《风景名胜区管理条例》第四十条规定，

"违反本条例的规定，有下列行为之一的，由风景名胜区管理机构责令停止违法行为、恢复原状或者限期拆除，没收违法所得，并处 50 万元以上 100 万元以下的罚款：①在风景名胜区内进行开山、采石、开矿等破坏景观、植被、地形地貌的活动的；②在风景名胜区内修建储存爆炸性、易燃性、放射性、毒害性、腐蚀性物品的设施的；③在核心景区内建设宾馆、招待所、培训中心、疗养院以及与风景名胜资源保护无关的其他建筑物的"。在实际情况中，由于管理体制的局限，一些风景名胜区管理机构就是实际的风景名胜区经营者，承担着既是"运动员"又是"裁判员"的双重角色，对自身可能存在的违规行为也就难以制止，影响法规的实施。

三、应注意的问题

为了实现旅游的可持续发展，在流域旅游资源管理立法上应充分贯彻旅游资源保护优先原则，在此基础上充分平衡旅游资源合理开发利用与旅游业可持续发展的关系。具体而言，总体思路上应采取以制定一部统一的《流域旅游专项法》，将旅游资源可持续发展作为其中主要内容的方式来规范流域旅游资源的开发与利用活动。旅游资源是旅游业发展的前提和基础，旅游资源的合理开发利用与保护直接决定了旅游业的兴衰，所以关于旅游资源保护的内容自然应成为旅游基本法的重中之重。必须强调的是，旅游资源所具有的重要地位，决定了关于旅游资源保护的内容必须在流域旅游基本法中占据主要地位，必须在该法总则中将保护旅游资源，保障其可持续发展作为基本原则确定下来，并贯彻到整个《流域旅游专项法》的全部制度设计之中。立法过程中应注意以下几个方面的问题。

（一）注重与国际接轨

关于旅游资源保护与合理开发利用，许多国际公约、条约都列出了很多科学、完善的规定，形成了旅游资源保护与合理开发利用的国际法律制度框架。日本、墨西哥和俄罗斯等世界许多国家也结合国际公约、条约的规定制定了各自的旅游基本法，建立了旅游资源保护与合理开发利用的法律制度。这些国际公约、条约和上述各国的旅游基本法一同构成了关于旅游资源保护与开发利用的"国际游戏规则"。要保护利用好流域旅游资源，促进流域旅游资源的可持续发展，在相关法律原则、制度设计上就必须与"国际游戏规则"接轨，而根据"国际游戏规则"，考虑具体流域的实际情况，制定统一的《流域旅游专项法》无疑是必然选择。

(二)注重诸多部门之间的利益协调

　　旅游业具有较强的综合性，其内容涉及吃、住、行、游、购、娱等方面，其管理体制也包括诸多部门和具体制度。在流域旅游资源管理方面，所涉及部门就包括建设、林业、环保、文化、文物、宗教、国土资源、海洋、交通、水利等十余个。而要协调诸多部门的利益分配，保证旅游资源可持续发展，将流域旅游资源保护作为重中之重，制定一部统一的《流域旅游专项法》无疑是合理选择。

(三)注重综合性地方立法

　　目前，流域旅游资源立法还处在起步阶段，但有一些地区已经制定并颁布了相关的综合性地方旅游立法。这些地方立法水平参差不齐，内容差异很大，十分不利于流域旅游资源的统一保护，也不利于促进和规范跨区域的流域旅游的发展。只有制定一部贯彻可持续发展原则的《流域旅游专项法》，才能解决地方立法中旅游规划缺少公众参与、条文设计不合理、逻辑不严密、实施力度不够等问题。《流域旅游专项法》必须注重统合地方立法，为其提供统一的立法理念、指导思想和基本原则与制度，只有这样才能使可持续发展的要求真正落实到流域中涉及地区旅游资源开发与利用的各种活动中，才能从根本上保障和促进流域旅游资源的可持续发展。

(四)注重对自然与人文旅游资源的整体保护

　　流域旅游资源同样包括自然旅游资源与人文旅游资源，两者之间不可分割的关联性决定了对两者必须予以整体保护。人为割裂两者联系分别予以规范的方式不利于自然旅游资源与人文旅游资源价值的保存与传承。对自然旅游资源与人文旅游资源进行整体保护也是各国际公约、条约及许多旅游资源保护先进国所采取的重要原则。整体保护理念反映了世界旅游资源立法的发展趋势。因此，必须统筹现有关于自然旅游资源与人文旅游资源保护的单行法律法规，并反映在《流域旅游专项法》关于旅游资源保护的内容中。

四、基本原则

　　确保旅游资源的可持续发展是各国公约、条约及各国旅游资源立法所共同遵守的准则，这也正是现代旅游业发展和旅游资源保护的趋势，《流域旅游专项法》必须充分贯彻可持续发展理念，并以此为出发点和落脚点来设计其基本原则，由于流域旅游资源的特殊性，《流域旅游专项法》至少应该确立以下几项基本原则。

（一）预防原则

预防原则对于合理开发利用和保护流域旅游资源，将各类自然旅游资源与人文旅游资源的价值进行保存与传承，使子孙后代也能享有这些价值，从而实现流域旅游资源的可持续发展是十分重要的。《流域旅游专项法》必须确立预防原则，这是规范流域旅游健康发展，实现旅游资源可持续利用的重要一环。

（二）旅游规划原则

这一原则在实质上是预防原则的体现与延续，但因其对旅游资源可持续发展意义重大，各国关于旅游资源的立法均将其作为一项基本原则加以规定。《流域旅游专项法》也应确立旅游规划原则，以指导和要求各类旅游资源开发利用规划活动，从而实现对流域旅游资源进行科学、合理、有序地开发与利用。确立旅游规划原则，并将其落实到相关制度中，是实现旅游业和旅游资源可持续发展的重要保障。

（三）整体保护原则

流域是一个整体，它所包含的自然旅游资源与人文旅游资源往往同处于一个保护范围之内，呈现出相互依存的关系。这就要求对其自然旅游资源与人文旅游资源必须予以整体保护。整体保护原则也是各国旅游资源立法普遍确立的一项基本原则。流域所包含的自然旅游资源与人文旅游资源在某种程度上已经形成了一种共生、共存、共荣的关系。因此，流域旅游资源立法尤其有必要确立整体保护原则，对自然旅游资源与人文旅游资源进行整体性、综合性的保护，实现两者的共生、共荣和可持续发展。

（四）公众参与原则

流域旅游资源的合理开发利用与保护关系到政府、社会公众、旅游从业人员、旅游地居民等方方面面的利益。因此，在发展流域旅游，对流域旅游资源进行开发利用活动时，必须考虑多方利益关系，使相关利益主体参与到有关旅游资源的开发利用决策活动中来，并充分尊重各利益主体的意见和建议。这既有利于形成科学决策，保证旅游资源可持续发展，又有利于化解社会矛盾，维护社会稳定与和谐。另外，公众参与原则不仅是流域旅游资源管理立法的重要原则，而且是各国环境法中普遍确立的一项实施环境与资源开发、保护的基本原则。《流域旅游专项法》必须确立公众参与原则，以实现流域旅游资源的永续利用。

（五）特别区域特别保护原则

对于一些生态系统脆弱、易受破坏的区域，各国际公约、条约及许多外国先进旅游资源立法都给予了特别的关注，规定了更为严格的保护制度和措施，即特别区域特别保护原则。这一原则对于恢复和保护易受破坏区域的生态、人文环境具有重要意义。流域源头和上游一般是生态脆弱区，一旦破坏后极难恢复。针对旅游的生态敏感区域，在《流域旅游专项法》中应确立和贯彻特别区域特别保护原则。

（六）承载力原则

每个旅游区域都有一定的承载力，超过其承载力盲目发展旅游业，过度开发旅游资源，会对各类旅游资源造成不可逆转的破坏，流域也不例外。日本就有专门的法律规定了避免游人向某一旅游地过度集中而造成破坏的措施，目的就在于将旅游活动对旅游资源可能造成的不利影响控制在旅游地承载范围之内。《流域旅游专项法》也有必要确定流域的承载力，并规定相应措施，以确保发展旅游业对流域旅游资源的影响降至最低。

第四章 流域旅游开发管理模式构建与机制创新

第一节 制度选择

根据流域本身独特的资源基础、文化张力、资本凝聚力、广泛通达性、易沟通性等要素，流域旅游开发管理的建设有其自身独有规律，但总体要遵循一体化发展、制度化与非制度化建设相并举的战略安排。

一、模式

本书根据流域实际情况，搭建流域旅游组织管理的"单一政府主导模式、区域合作模式、协议合作模式"网络层级制度框架。单一政府主导模式重点围绕旅游开发常规机制进行机制突破；区域合作模式重点围绕区域合作制度化机制与区域合作非制度化机制进行机制突破；协议合作模式重点围绕协议合作制度化机制与协议合作非制度化机制进行机制突破。这两种机制的运作方式和成效有所不同，制度化协调机制表现为：缔结条约或协议；具有法律强制性；进行集体谈判；组成严密的合作组织。非制度化协调机制表现为：由领导人承诺；缺乏法律效力；采取集体磋商形式；建立松散的组织形式。

考虑到流域旅游区域合作模式与协议合作模式的相似性，本书用交集的概念描述区域合作制度化机制与协议合作制度化机制的重叠性与嵌套性，在不同模式里相同名称的机制所表现出的作用机理、动力形式是不同的，具体如图 4-1 所示。

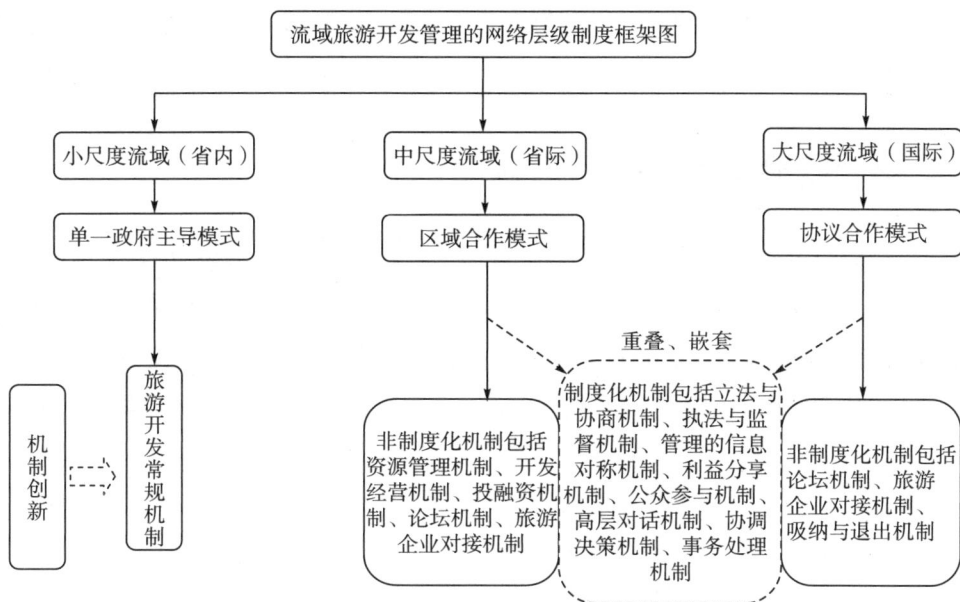

图 4-1　流域旅游开发管理的网络层级制度框架图

二、机制

（1）区域合作制度化机制。该机制包括立法与协商机制、执法与监督机制、管理的信息对称机制、利益分享机制、公众参与机制、高层对话机制、协调决策机制、事务处理机制。

（2）区域合作非制度化机制。该机制包括资源管理机制、开发经营机制、投融资机制、论坛机制、旅游企业对接机制。

（3）协议合作制度化机制。该机制包括立法与协商机制、执法与监督机制、管理的信息对称机制、利益分享机制、公众参与机制、高层对话机制、协调决策机制、事务处理机制。

（4）协议合作非制度化机制。该机制包括论坛机制、旅游企业对接机制、吸纳与退出机制。

第二节　模式构想与机制运转

流域旅游开发管理的网络层级制度框架的构建，以模式构想为蓝图，以机制运转为支撑，机制与模式相配套，通过机制的运作促进各流域旅游开发管理模式的实现。下面就流域旅游开发管理的三种模式构想，以及与模式相配套的机制运转进行描述。

一、单一政府主导模式与机制

　　按照课题组对流域旅游的分类，小尺度流域旅游不存在跨行政区域、部门分割的问题，因此小尺度的流域旅游开发应采取单一政府主导模式，即流域所在区域的政府职能部门对流域旅游开发享有排他性、独享性的使用权、经营权和所属权，可以对流域旅游进行统一科学的规划与宏观调控，制定流域旅游发展的组织、投入、保障、技术、布局和市场等政策，而不受其他区域政府的影响。

　　单一政府主导模式下的流域旅游开发需要政府依靠旅游开发的常规机制，对流域旅游资源进行整合，并对流域旅游开发进行规划。根据《旅游规划通则》，应以旅游常态化开发方式进行空间布局与项目策划，进行基础设施、产品体系、产业体系、配套设施和生态保护建设，并提出保障措施，为流域旅游的发展建立完善的旅游发展体系。

二、区域合作模式与机制

　　中尺度的流域旅游的开发管理，即国内跨省流域旅游的开发管理，应采取区域合作模式，并以制度化机制与非制度化机制进行配套。省际流域旅游开发管理的区域合作模式指流域所在区域的不同政府之间、旅游企业之间、其他利益相关者之间根据既定的合作目标与原则，成立合作组织机构，以政府支持政策、资金政策、利益分配政策等合作政策为保障，以资产化、一体化管理搭建资源管理平台、开发与经营平台、营销信息平台、投融资平台，履行基础设施建设、旅游产品建设、旅游企业建设、旅游人才建设、旅游品牌建设的合作内容，以促进中尺度流域旅游的发展。

（一）区域合作模式下的流域旅游开发的制度化机制

1. 立法与协商机制

　　地方政府间应建设从全局出发的立法与协商机制，不仅要出台一些合作的协议与规定等，还要在一个大的合作框架下建立各类区域性的合作法规，类似"欧盟议会"这样的常规性立法组织。当然，国与国之间的合作与国内地方政府之间的合作有着本质上的区别。在国内基本法律框架下，建设一些地方性的合作法规并非不可行之事。随着各个流域旅游区域规划的编制完成，建立相应的组织和合作法规就会成为各地政府推动流域旅游一体化的首要任务，这些合作法规建设的目标不仅在于推动合作，而且在于约束各自行为以减少冲突；另外，对于违反规定的举动进行处理的协商、仲裁组织和机制也应加以建设和完善。

2. 执法与监督机制

有了相关的法规、协议或规定，如果没有执法与监督的组织和机构，各地为其独自的利益而违反合作意愿就会不可避免。因而根据流域旅游一体化的发展态势建立一个或紧密或松散的执法与监督组织是非常必要的，这一组织应从流域旅游开发的整体利益出发，以合作原则、法规和意愿为基准对执法进行监督，对违法加以惩处。

3. 管理信息对称机制

无障碍的、透明的、对称的信息流通和传递是流域旅游快速崛起和市场发展升级的需要，信息共享已成为大趋势。地方政府流域旅游管理的信息对称，指公开、完整的地方政府流域旅游公共管理信息平台的构建，相关人员可以利用现代网络技术建设公共管理信息平台，包括政务信息、产品信息、企业信息和投融资信息等，可以通过管理信息的互相传送达到沟通和蹉商的目的，以满足上述合作的立法与执法的需求，使相关机构和人员可以对合作的各种事宜加以统筹。旅游论坛也是信息共享的一种有效途径，可以利用旅游论坛吸纳政府学界、民间、业界等人士和力量参与到流域旅游圈的研究建设和管理中来，有效地搭建一条非政治化的官方与非官方的交流沟通渠道。

4. 利益分享机制

由于地理区位、资源禀赋、发展条件等方面的差异，流域区域间社会要素分配和市场机会供给相对不平衡，经济发展水平也随之存在差距。如果这种差距过大，必然导致流域区域之间利益关系的失衡，对流域旅游的可持续发展极为不利，所以，建立一个流域区域利益分享机制是必不可少的。

流域旅游协调发展利益分享机制分为两个组成部分：流域区域协调发展利益分享核心机制，包括利益分成机制、利益补偿机制和利益帮扶机制；区域经济协调发展利益分享的纠错机制，主要包括利益磋商机制和利益仲裁机制。这种利益分享机制可以是民办的，也可以是政府与人民共同参与的，通过一定的制度设计和安排，公平、合理、有效地协调利益主体之间的利益分歧，为流域区域内各经济实体的项目合作、联合开发起到桥梁作用。该机制通过意见交换、信息交流、磋商分配和法规政策等方式均衡各方利益，减少利益冲突，起到行政管理机构无法起到的作用，从机制、体制和政策的层面保证了合作各方能够公正、公平的分享利益。

5. 公众参与机制

增强公众参与的意识，各级政府部门应通过各种途径，特别是应充分利用新闻媒体向公众宣传流域旅游管理的方针、政策、法令和科学知识，倡导公众参与到流域旅游资源的保护和开发工作中，加强公众监督。在流域旅游组织管理机构中吸收公众参与决策、管理和投资，并吸收公众作为旅游企业的职员，兼顾社区居民利益，听取社区居民意见。

(二)区域合作模式下的流域旅游开发的非制度化机制

1. 资源管理机制

在合作框架下，建立流域旅游资源数据库与动态管理平台，对流域旅游自然资源、人文资源、基础设施、公共服务设施和配套设施等资源、设施进行普查与整合，通过流域旅游资源的资产化管理、一体化管理，对流域资源进行统一规划与开发。

2. 开发经营机制

在合作框架下，搭建流域旅游开发与经营动态管理平台，成立流域旅游开发与经营公司，负责项目策划与开发、项目包装与招商、项目建设与管理、景区景点的运营与管理、旅游产品的打造与营销等。

3. 投融资机制

在合作框架下，搭建以政府合作为主导的投融资平台，吸纳国企、民营企业、私营企业、个人等多元投资主体，统一招商引资，采取多种投融资方式，拓宽流域旅游投融资渠道。

4. 论坛机制

以旅游论坛、招商引资论坛和宣传推介会等形式，吸纳政府界、旅游业界、企业界、专家学者等主体，进行流域旅游开发的商业与学术探讨，采纳多方信息，交流不同意见，以促进流域旅游的开发。

5. 旅游企业对接机制

旅游企业在流域旅游开发中扮演着重要的角色，应以大旅游为格局，加强旅行社、旅游餐饮企业、旅游住宿企业、旅游交通企业、旅游景区管理机构等之间的联系，进行流域内不同区域之间、相同区域内部之间的旅游企业间的交流与合作，组织旅游线路，开发旅游产品，为游客提供一站式、一条龙服务，优化流域区域旅游产业结构。

（三）协议合作模式与机制

本书根据国际流域旅游开发管理的组织现状及模式（如 GMS 框架协作合议），结合国际流域的实际，认为现有的具有借鉴性的模式为协议合作模式，即双方或者多方以协议、框架的形式约定合作的机制，进行协调合作，共同开发流域旅游。

1. 协议合作模式

（1）资源共享，合作共建。在流域内构建跨国流域旅游交通组织格局，实现交通对接，重点是搞好铁路、水路、公路和航线的对接。加强信息服务网络系统的建设，在旅游服务体系的通讯基础条件和邮电服务体系等方面开展合作建设，实现跨国流域旅游的网络共享。

（2）政府定期会晤对接。根据协议，涉及边境地区的政府相关部门，如旅游、文化和民宗等，应定期举行会晤，制定政策法规，共同商讨边境流域旅游合作事宜，协调解决合作中存在的问题。

（3）旅行社对接。旅行社应该加强旅游接团合作机制，建立良好的合作制度，以实现平等互利。

（4）论坛合作对接。建立流域旅游发展论坛，就边境流域旅游合作进行研讨，为合作提供理论指导。

2. 协议合作模式制度化机制

(1)立法与协商机制。国际政府间应本着合作共赢的态度，以国家的名义对流域旅游开发管理进行协调合议，签订合作框架，成立跨国流域旅游管委会，参照"欧盟议会"的模式，进行探索性流域旅游立法与协商，为资源的保护、开发和管理确立法律法规依据。

(2)执法与监督机制。根据国家间确定的立法与规范，在跨国流域旅游管理委员会领导下成立执法监督组织机构，对各国之间的流域旅游开发管理进行执法监督，规范流域旅游开发管理工作，确立赏罚机制，确保流域旅游开发有序进行。

(3)管理信息对称机制。搭建国际政府流域旅游开发管理信息共享平台，包括政务信息、产品信息、企业信息、投融资信息、游客服务信息等多种信息，实现网络化、信息化、透明化信息管理与分享，节约沟通成本，缩短交流时间，方便政府间、企业间和游客间的交流。

(4)利益分享机制。在跨国流域旅游管委会统筹领导下，探索成立流域旅游利益分享协调会，为解决利益冲突搭建平台，并负责制定相关利益主体间的分红机制、补偿机制、激励机制等，以高层座谈、利益主体协商会等方式进行协商洽谈，促使各方达成共识，软化矛盾。

(5)公众参与机制。跨境流域旅游开发管理的公众参与机制是指各国流域旅游开发都要征求公众、社区居民、旅游企业、业界和学界的意见，吸纳多元利益相关者进行流域旅游开发管理的咨询、决策与管理，确保流域旅游开发的协调性与可行性。

(6)高层对话机制。各国政府高层要经常进行会晤磋商，传达各自主张，交流合作意见，为跨境流域旅游开发管理政策、保障措施和协调机制的建立提供方向和明确的目标。

(7)协调决策机制。根据框架协议或者法规政策，通过政府会议座谈、论坛等方式对流域旅游开发管理决策层面的事情进行商议，规范决策程序，使之有理有据。

(8)事务处理机制。跨国流域旅游管委会在流域各国设多个职能部门，与各国政府、旅游和商贸等职能部门进行工作衔接，各部门根据协调决策的安排，进行事务的布置、分工、处理与应对。

3. 协议合作非制度化机制

(1)论坛机制。定期举行旅游高峰论坛、政府首长会议、投融资洽谈、流域旅游产品推介等活动，活跃各国间流域旅游开发合作的气氛，增进各国间合作的诚意，吸引众多主体关于流域旅游发展的意见，为旅游发展提供指导，吸引众多国际旅游企业投入到流域旅游开发建设当中去，壮大流域旅游开发规模。

(2)旅游企业对接机制。建立跨国旅游企业、各国旅游企业之间的招商洽谈、联盟合作、推介宣传等机制，为流域旅游开发管理的运作提供强大的人力和物力支撑。各国旅游企业之间就流域旅游开发实现布局对接，优化旅游要素、旅游产业结构，为游客提供便利舒心的旅游服务，实现流域旅游优质化服务。

(3)吸纳与退出机制。一个流域旅游区域的发展受各种条件影响，有其自身的规律和趋势。从长期来看，流域旅游区可能从"分"走向"合"，也可能从"合"走向"分"；有可能吸纳新的成员不断扩大其规模，也可能有原成员退出而使规模不断缩小。因而，从流域旅游区域自身的发展出发，建设和完善区域周边和区域内新旧成员的吸纳与退出机制也是非常必要的。国际流域旅游区域应吸纳那些地理位置接近、经济发展程度相似、产业结构相近的区域，对于要退出的区域应采取自愿原则，收回其相应的合作权益。

第三节　流域旅游开发管理的机制创新

在流域旅游开发管理运行方面，要从全流域协调发展的角度考虑问题，政府、社区居民和企业都必须坚持局部利益服从整体利益、自身利益服从区域利益、眼前利益服从长远利益的基本原则，消除市场壁垒，实现生产要素在空间自由流动，通过创新管理机制，为流域的旅游业带来新的活力，促进流域的旅游业乃至整体社会经济的可持续发展。

一、流域管理与区域管理相结合机制

(一)建立由政府主导的跨区域旅游管理机构

由于流域旅游开发管理所涉及的问题具有复杂性和多样性，其管理机构应该在政府主导下成立运行，由政府、专家学者及企业三方共同参与其中，对流域旅游区域的旅游业总体规划、资源开发、市场营销和旅游企业管理等方面进行统筹、协调。在此机构指导下，推进流域相关城市各类行业协会或商会之间的联合与合作，充分发挥其在招商引资、信息交流和行业自律等方面的重要作用。可以参照博鳌论坛等成功的区域合作组织模式，每年在固定时段举行流域旅游区域发展会议，商讨流域旅游区域旅游、生态、环保和可持续发展等问题，并就统筹规划、联合宣传、联合客源市场及管理对接等多个方面进行讨论研究。

(二)实现区域旅游资源的统筹规划和联动开发

以泛流域旅游区的战略思路，对区域内的旅游资源开发、旅游线路设计、旅游产业要素、旅游产品结构、旅游市场营销、旅游交通与资讯建设等方面进行宏观审视和区域整合，避免区域内各省市之间和各旅游景点之间的封闭式规划、重复性建设和产品雷同化，使各地的旅游开发层次和旅游产品结构达到时空上的有机整合和优势互补。在这方面需要充分发挥政府的主导性作用，进行宏观调控，实现各级政府及各个部门间的紧密合作。

(三)打造流域旅游整体品牌，瞄准主要客源市场联合营销

由政府组织对流域内沿岸各地的自然环境、生态系统、历史人文、风土人情等方面进行全面而宏观的考察调研，形成一个具有统一概念的流域旅游形象，并由此确定宣传主题，深化品牌内涵，打造具有核心竞争力的流域旅游品牌，更好地支撑流域地区旅游业快速发展。流域内各地可推出共同的旅游品牌和宣传口号，并联合推介会、旅游节等进行宣传促销活动。同时，在对外旅游宣传中大力推出流域旅游的总体概念，提升品牌知名度，运用科学的营销理念对旅游品牌进行有针对性的整体营销。

(四)进行旅游线路及旅游项目的整合以形成精品旅游产品

流域旅游区域线路设计要在区域整合的思想指导下进行，各线路要尽量将具有关联性、互补性且各具特色的景点有机串联起来，尽量避免同类型景点，并在此基础上推出精品线路、主打线路。还可开辟专题旅游线路，如流域风情游览线、流域地貌科考旅游线、名人文化旅游线、民俗风情旅游线、美食特产旅游线等，从而实现旅游产品优化组合，提高产品的专业化水平。

二、流域旅游开发的生态补偿机制

(一)建立完善的法律法规体系，构建宏观法律框架

生态补偿法律体系的构建应兼顾各方利益主体，特别是对于处于弱势地位的受补偿者来说，更需要有强有力的、完善的法律体系来保障他们的利益不受侵害。

首先要有宏观的法律框架做支撑，在各类环境法律法规中要体现生态补偿的相关内容，并进一步制定专门的生态补偿法，以此保证生态补偿行为有法可依。

其次，各个地区也应该根据自身实际情况制定各类生态补偿标准，权责要明确，在相关生态补偿法律法规的指导下，明确旅游开发的深度和广度，在政府强有力的控制下，实施市场化管理。

最后，明确补偿的相关主体、客体和补偿方式，使得生态补偿标准合理化、统一化，以提高管理效率。流域旅游开发的直接受益对象是投资开发商和旅游经营者，流域内居民因旅游开发而要保护生态环境，可能会改变或放弃原本的谋生方式，他们的利益在一定程度上受到了损坏。因此，区域内受旅游开发影响的居民、资源、生态环境以及其生态功能都应该是受补偿的对象。

(二)与开发地建立关系并签订补偿、保护合同

流域旅游开发者、经营者应与当地村镇建立关系，签订生态补偿合同。补偿合同的内容可以约定旅游开发者、经营者在进行旅游开发活动中对给当地环境、居民造成的影响进行补偿。这样，在提前约定补偿细则的前提下，旅游开发者、经营者在开发时就会注重生态环境的保护。同时，他们也可以向当地支付相应的费用，与当地居民一起保护生态环境，为建立环境友好的旅游业共同努力。

(三)合理解决补偿矛盾，选择合理的生态补偿方式

政府部门应从管理体制、流域移民资金扶持、生活保障等方面缓解旅游开发、经营者与当地居民之间的矛盾，可以通过以下三种方式进行补偿。

1. 直接补偿

生态补偿基金的使用可以分成两部分，一部分用于补偿受害者，另一部分可

以用来建立环境保护基金。基金可以用于改善环境管理条件、培养环境保护人才、奖励对环境保护有突出贡献的单位和个人。

2. 间接补偿

旅游开发、经营者在进行补偿的同时，应为当地居民创造创业和就业机会，做到"授人以渔"，使当地居民生活能健康、持续下去。通过各类宣传和培训，提高当地居民的生态保护意识，使他们融入到环境保护的工作中来。建立环境保护基金，用于环境基础设施的建设，以保证水质不受污染。

3. 混合补偿

为满足受补偿者的不同要求，必然需要采用直接和间接两种方式进行补偿，只有选择灵活的补偿方式，才能有效地缓解供给与需求脱节的矛盾。

三、流域生态相关利益者共同治理机制

(一)多元利益相关者共同参与的决策机制

在流域旅游区治理中，实施利益相关者治理模式的关键在于搭建一种利益相关者共同参与的决策机制。在我国管制型治理模式下，决策机制体现为政府和相关行政部门拥有决策权，决策制定与实施依靠政府权威作出，很少或基本没有与社会大众进行互动与回应。流域旅游区治理的决策机制是在治理结构中，赋予利益相关者一定的决策权利，核心利益相关者在决策中拥有较高的决策权。建议成立由核心利益相关者代表组成的决策委员会，在决策过程中负责收集代表利益群体的利益要求，并且在决策过程中充分表达，以使对最终决策产生影响。在这一过程中，政府同样作为核心利益相关者，基本职能就是培育发扬民主广泛参与的决策环境；流域内公民的职责是充分行使民主权利参与决策；政府相关部门要结合技术和科学手段为决策形成提供理性的决策方案。这种决策机制，较之管制型治理模式下政府单向度的决策，增强了政府与利益相关者之间的互动与回应。

(二)多元利益相关者广泛参与的执行机制

流域旅游区的治理恰恰需要利益相关者的广泛参与，行动机制的构建意味着我国应该形成与利益相关者参与治理的边界、方式和利益实现程度相联系的一套

制度安排。在传统管制型治理模式下，对于社会公众采取的管制型治理方式，造成社会公众对公共利益实现的疏离感，导致参与意识淡漠，只是在政府的发动下被动地参与，治理效果十分低下。利益相关者共同治理的模式，则充分分析了利益相关者的利益要求，不再回避利益冲突，而是结合利益需求尽可能满足利益相关者整体的利益，有助于利益相关者行动的积极性。扩大公众参与，告知企业和公众采取环境保护的自觉行动具有重要意义。例如，新加坡必须靠全体人民的努力才能确保每个人都持续享有清洁的水源。

（三）构建畅通的利益协调沟通机制

管制型治理模式，最大的弊端是缺少政府与其他社会主体的回应机制，其他利益主体的利益得不到满足。建立畅通的利益表达机制、利益沟通机制和利益协商、利益补偿机制是流域旅游区利益相关者积极参与治理的必要条件。在我国流域旅游区治理中，积极赋予利益相关者一定的话语权，促使其充分表达利益诉求及对流域旅游区治理的愿望和要求十分重要。只有清晰了解核心利益相关者的这些愿望和要求，流域旅游区治理中的利益相关者的参与热情和保护建设意识才会在根本上得到提高，而充分的利益表达就提供了了解利益相关者愿望的平台。

可以考虑结合当地的文化模式，在政府把握大前提的情况下，在补偿方式、退耕规模、造林植草模式、树种选择、组织划分、林地承包方式、生态林与经济林比重、具体实施方案等方面对农民放权，由其参与选择。具体操作方式，可以依托社区、聚落等组织通过投票进行表决，依据多数票规则产生结果。这与政府全权负责相比，农民由于更了解当地的土地质量、气候与物种的适宜性以及聚落生态群落组成，他们的偏好和利益表达在一定程度上更符合当地文化和生态环境要求，从而达到农民获利、提高生态建设成效的双赢效果。在政府和多元利益相关者之间建立一种常态化的有关流域旅游区治理问题的协商对话机制和定期的利益表达机制，让群众充分表达意见和要求是十分必要的。

（四）多元利益相关者共同监督管理机制

监督管理机制是所有者及相关利益者对管理者的经营决策行为、结果进行有效地审核、监察与控制的制度设计。探索在流域旅游区建立专门的、独立的、利益相关者多元参与的执法和监督机构，可由相关领域专家、主要利益方代表、社会公众、媒体代表等共同组成，对流域旅游区治理整个过程中相关利益者的行为进行监督与控制，确保各方利益的均衡与可持续发展。

该监督机构的职责主要在于：

(1)监督流域内政府机构和相关行政部门的管理行为，防止地方政府为短期的政绩工程和追求私利而滥用职权；

(2)监督流域旅游区内相关行业企业的生产经营行为，防止这些经营主体为了追求经济利益而忽视流域旅游区的生态利益和所有利益相关者的整体利益，采取违规和不符合流域旅游区治理要求的开发行为；

(3)监督流域内群众的行为，流域内群众的生产和生活直接作用于流域旅游区，因此加强监督与管理具有必要性，采取利益相关者举报、制止等行为防止流域内居民对流域旅游区进行破坏；

(4)吸收利益相关者参与管理，对生态服务功能消费者的行为进行监督，对不良表现、污染和破坏流域旅游区环境的行为定期进行跟踪与调查。

四、流域旅游航线管理机制

(一)引入"分段管理、统一票证、统一售票、统一调度、统一结算、股份合作"的管理体制

对航线实行"分段管理、统一票证、统一售票、统一调度、统一结算、股份合作"的管理体制。整个流域航线的票证是由各个管理段实行统一票证而非整个流域都实行统一票证；统一售票是指同一航线或同一分段区域可销售不同航线的票，而非流域全线实行统一售票；统一调度则由流域旅游调度部门进行统一调度；统一结算即由分段区域管理公司或部门对该分段区域内的旅游票务进行统一结算。

在这一体制框架下，引入内部竞争机制，即在借鉴国内外景区先进管理理念的基础上，通过深入调查研究，建立优先开发权和末位淘汰效绩考核管理机制，以此促进企业内部竞争并不断改善服务质量，自觉促进旅游产品的转型升级。

同时，为了调动各个企业的积极性和将沿岸老百姓纳入旅游受惠范围内，可将各合法的旅游企业主、载客民船竹排和沿江适合开发旅游的景区景点通过技术入股、资源入股、土地入股等形式纳入统一管理体制之下，并通过股份制形式激励内部各利益主体的积极性、能动性和创造性。

（二）统筹流域旅游收入、反哺沿岸乡镇农村

本着"谁受益、谁补偿"的原则，应对流域沿岸农村进行反哺，并通过扶持和政策倾斜来促进乡村经济社会与流域旅游业的同步发展。因此可从流域旅游所带来的收益中拿出一定比例的资金来反哺沿江两岸农村。

（1）在条件允许的前提下鼓励和帮助沿岸农民发展乡村旅游和农家乐旅游以取代其他经济来源，以更好的方式保护沿岸生态资源。

（2）对无法直接从流域旅游中受益同时确实因保护流域生态旅游资源而蒙受经济利益损失的居民（如沿江一些不具备开发旅游的村庄），可长期给予一定的经济利益补偿。

（3）在保障政府和现有旅游企业利益不变的前提下，通过鼓励发展多种旅游方式和丰富的旅游产品以增加旅游收入，打破主要依靠门票收入增加旅游收入的格局。通过发展休闲、餐饮、旅游商品等消费性旅游产品增加旅游收益，从新增加的旅游收益中提取一定比例作为旅游利益补充资金，并将这些资金作为无法直接从流域旅游中受益但为维护流域航线正常运营以及对流域资源进行保护的单位管理补偿费用。

（4）通过多形式游览方式和多元化旅游产品，吸收更多的沿岸居民和相关利益体参与流域旅游开发，让其从中受益，以降低对流域开发与保护的压力。

（5）对一些维护流域内正常旅游市场秩序和航线正常运营，以及保护流域旅游有功的个人、单位或集体给予大额奖励。

（6）通过鼓励沿岸农民发展生态循环型经济林或经济作物，以此增加经济来源，并以此减轻对流域航线的威胁和对流域资源的破坏。

第四节　流域旅游开发管理的平台建设

鉴于中尺度流域旅游组织管理的广泛性、普适性，本书重点对区域合作模式下的平台建设进行论述。在流域旅游开发管理的网络层级制度框架的背景下，构建流域旅游开发管理的区域合作框架图，对区域合作应搭建的平台、合作的内容展开详细描述，深化课题研究内容，指导流域旅游开发实践。

一、区域合作框架

流域旅游开发管理的区域合作，是在流域旅游开发管理的网络层级制度框架的背景下，在"一体化、可持续、多边共赢"的合作目标的牵引下，建立合作组织机构，遵循以人为本、可持续发展、合作共赢的原则，探索政府支持政策、资金政策、利益分配政策等合作政策，以资源管理、开发与经营管理、营销信息管理、投融资管理为合作平台，以流域内旅游交通建设、旅游产品建设、旅游企业建设、旅游人才建设、旅游品牌建设为合作内容，构建系统的、完备的流域旅游开发管理的区域合作框架。即以"一体化、可持续、多边共赢"的合作目标为宗旨，以组织机构为核心，以"以人为本、可持续发展、合作共赢"的合作原则为根本，以政府支持政策、资金政策、利益分配政策等合作政策为保障，搭建资源管理平台、开发与经营平台、营销信息平台、投融资平台，履行旅游交通建设、旅游产品建设、旅游企业建设、旅游人才建设、旅游品牌建设的合作内容。该框架图如图 4-2 所示。

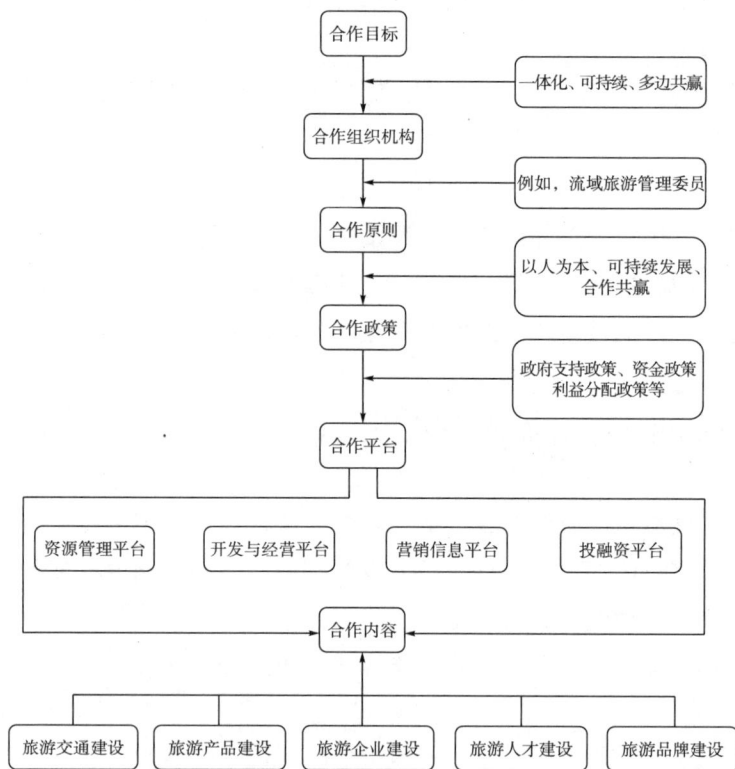

图 4-2　流域旅游开发管理的区域合作框架图

二、区域合作平台建设

该流域旅游开发管理区域合作框架的适用范围应因地制宜，针对不同情况的流域需要进一步契合调整。流域旅游的区域合作发展问题，绝不是政府单方面的合作构想或者扩容式合作框架的建立所能够完全解决的，流域旅游开发的区域合作需要在合作框架的指导下，依托平台搭建与合作内容建设，实事求是，稳扎实干，将各项合作工作落实到实处。

流域旅游开发的平台，主要指流域开发的投融资平台、开发与经营平台、营销信息平台、资源管理平台，平台建设内容主要集中于旅游交通、产品、企业、人才和品牌建设方面，具体如图 4-3 所示。

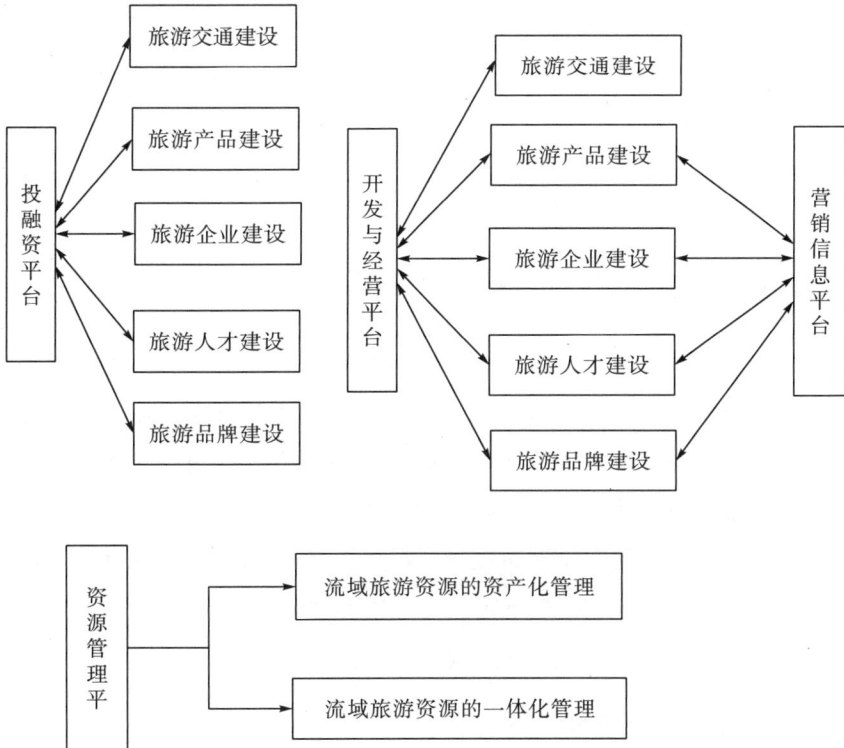

图 4-3　区域合作平台内容图

(一)流域旅游交通建设

流域内往往有着天然的水上交通通道、潜在的水上旅游黄金线路和沿水系布局的陆路交通。河流是天然的公路选址专家，一般来说，早期的公路都是沿着河床来选址和进行建设的，其具有连接水系与近水、远水旅游资源区的"生命线"功能。以流域干线或支线水体作为天然轴线，提高水道通航能力和打造以主干河流为纽带的流域黄金旅游线路是流域旅游开发的重点和首要内容。

1. 流域旅游交通组织格局构建

（1）流域旅游交通组织根据上文关于流域旅游的分类，应相应划分为大尺度、中尺度和小尺度流域旅游交通模式。

（2）对流域全流域范围内的交通要素、交通节点、交通设施、线路状况等进行普查整合，进而根据合作协议、流域旅游规划、旅游功能区、旅游产业空间布局，制定具体、完善且可操作的流域旅游交通线路规划。以流域旅游集散中心为节点，向景区辐射规划旅游线路，探索"水、陆、空"立体多维线路开发，进行交通线路的统一筹划，实现交通一体化，使游客在流域旅游区域内享有"进得来、出得去、散得开"的旅游空间体验。

（3）流域旅游交通组织格局的构建不管是何种等级与规模的交通形式，都要遵循"安全、环保、高效、经济实惠"的原则，充分发挥交通组织的运载、集散和联通等"生命线"功能。

2. 跨国流域旅游交通组织格局

跨国流域旅游交通组织属于大尺度流域旅游交通组织模式，其交通形式应以航空客运和邮轮为主。航空客运以其速度快、安全性高而成为长距离游客出行的必然选择，应鼓励跨流域各国开通旅游航线，缩短旅行时间，以时间换空间，增加目的地之间的空间联系。随着闲暇时间的增多以及游客的亲水体验性需求，跨国邮轮旅游是逐渐兴起的新型旅游业态，应鼓励跨流域各国开放合作，成立旅游航运公司，以豪华邮轮、大型邮轮为主，组织水上旅游航线，开发水上旅游产品。

3. 跨省流域旅游交通组织格局

跨省流域旅游交通组织需要省级政府牵头，交通、水利、旅游部门之间进行合作，以城际高速公路、铁路、旅游航运为主，并对这几种交通形式统一规划与开发，实施分区、分段交通线路的开发、治理与保护。中尺度流域旅游的交通组织与流域旅游发展的空间特征密切相关，流域旅游交通组织在空间上呈现出多种模式，本书借鉴已有研究成果，结合流域旅游的实际情况，将中尺度流域旅游的交通组织方式分为三种：①以中心地理论和核心边缘理论为依托的同心圆模式；②以点-轴发展理论为支撑的点-轴发展模式；③以增长极理论为支撑的极核式区域旅游空间模式，包含了单核模式、双核模式和多核模式[87]。

（1）同心圆模式。云南省抚仙湖-星云湖旅游交通组织是典型的的同心圆模式。在这一模式中，区域旅游的发展依靠一个或多个聚集在一起的核心旅游资源（或旅游吸引物、旅游目的地），带动整个区域的旅游产业的发展，形成旅游产业的一种核心-边缘结构，在空间上呈现同心圆或类同心圆的区域性特征，其旅游功能强度呈现按圈层变化的特征；同心圆模式的流域旅游发生地，应结合多种交通方式，核心区域内的旅游吸引力强于边缘地区，核心区域一般采用航运、自驾车、旅游大巴和出租车等交通方式，而相对边缘的地区则多采用旅游专线车、城际轨道交通旅游包车等交通方式。

（2）点-轴模式。点-轴模式依托具有较强增长能力的旅游生长点发展，按照线状轴带的发展空间格局串联各生长点，组成点-轴发展模式，并随着点的增多和轴带的增多，最终发展成为网状模式。例如，金沙江云南段流域旅游交通组织就是以丽江—楚雄—昆明为轴线的点-轴发展模式，丝绸之路旅游也是依托古老的丝绸之路串联各著名景点而发展的典型点-轴发展模式。点-轴发展模式的流域旅游地，轴线带一般也是其交通联系干线，多为轨道交通或高速公路相连接，而在"点"区域内采用的交通方式与同心圆模式中核心区域的交通方式基本相同，当其发展到高级形态的网状模式后，交通方式则根据交通网络的配置进行选择与配备。

（3）增长极发展模式。增长极发展模式以一个核心景点为集聚点，吸引更多的旅游资源来此聚集，共享部分资源发展。在发展的过程中，一个区域内可能会产生两个或者多个增长极，这就是所谓的双核和多核空间模式。在增长极发展模式中，单核模式多是一个旅游目的地作为一个流域旅游发生地，其交通方式的组织也与同心圆模式中的核心区域内的交通组织类似；双核模式的交通配置则由短途航空客运、城际轨道交通、旅游专线巴士、航运等共同组成；多核模式的交通配置主要是旅游专线巴士和城际轨道交通客运方式结合的交通方式。长江三角洲流域的交通组织格局就属于以南京、上海、杭州旅游集散中心等为核心的多核模式，长江中游流域的交通组织格局就是以成都、重庆为核心的双核模式。

4. 省内流域旅游交通组织格局

省内流域旅游交通组织为小尺度流域旅游交通组织，以方便快捷、快速集散为首要任务,可由省级政府指导,流域各市县通力配合,制定利益分配机制,协调相关利益者的利益。小尺度流域旅游的交通组织具有灵活性和多样性,在这一尺度范围上,一般根据现有的基础设施条件和游客的需要,采用多种多样的交通方式,满足旅游观光以及旅客运输的功能,包括汽车、旅游巴士、轮船、轻轨铁路、单轨铁路、空中通用小型直升机等多种模式,有条件的地区一般采用航空、水路、轨道、公路客运相结合的方式。通过小型直升机提供快速便捷的游客输送,并提供空中欣赏美景的服务;利用游船开展旅游项目并完成游客的空间位移;利用现代化的快速轨道,让游客在体验现代科技发展的同时完成流域景区之间的转换;利用快速便捷的公路交通,完成点对点的旅客运输服务。

5. 流域旅游交通组织格局的"水、陆、空"模式

流域地区多是江水奔流、河道蜿蜒、山水共荣、气势磅礴的大尺度景观,根据流域旅游特殊的资源禀赋以及大空间旅游体验的可行性,流域旅游交通组织格局可探索"水、陆、空"交通模式,以旅游、航运为依托,以陆路交通为重点,以空中观光为辅助,构筑"水、陆、空"立体多维的大空间旅游交通网络,如图4-4所示。

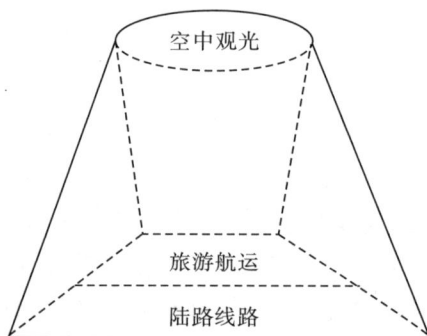

图4-4　流域旅游交通组织格局的"水、陆、空"模式

(1)以水体为纽带,规划水运航线,开发旅游航运,推出邮轮旅游、河湖型观光游船等产品,融合水上旅游观光通道与客货运输航运功能,完善交通信息系统、标牌、码头等水上航运设施,注重保护水体生态环境与沿岸水土。

(2)布局陆路交通组织,连接水体与陆上旅游资源区,以公路、铁路客运为主建设流域旅游专线,串联各大旅游区,组合旅游线路产品。

(3)在有条件的流域开发空中旅游观光、航空拍摄线路,借助空中小型直升机、热气球、滑翔伞等交通工具,从空中俯瞰江河奔流、山水共荣的大尺度景

观，开阔视野，丰富游客的旅游体验。

(二)旅游产品建设

流域旅游区域合作的旅游产品建设应遵循"一体化、生态化、融合化、多样化"原则，产品建设应在流域"一盘棋"的布局下，统一规划，应注重水体保护与周边区域生态环境建设，应促进文旅融合、农旅融合、生态建设与旅游开发相融合，应适应大众需求，开发多层级消费与满足多元旅游需求的流域旅游产品。

(1)在对流域区域内旅游资源进行普查整合的基础上，要紧紧抓住流域区域的地质地貌、气候水文、历史文脉、社会经济条件，提炼流域区域旅游资源的亮点，挖掘流域旅游产品的卖点，由资源到产品，由亮点到卖点，建立独具特色的流域旅游产品体系，将资源优势转化为经济优势，实现流域旅游产品的价值。

(2)充分发挥流域"纽带"的功能，开发水上旅游产品(水上乐园、游船、漂流、垂钓等)、亲水旅游产品(码头、住宿餐饮设施产品等)、近水旅游产品(滨湖公园、度假区等)，策划一批特色的旅游商品、服务商品，聚集一批优秀的旅游景区、景点，开发一批优质的流域旅游产品、旅游线路，鼓励旅游企业包装旅游线路，打造以观光休闲、探险徒步、度假娱乐等为一体的产品组合。

(3)对流域旅游产品的开发应开拓视野，注重整体性、完整性、一体化，注重流域旅游产品的一体化管理。通过将旅游产品开发的基础、核心和目标等要素结合起来，流域各区域内统一规划、统一开发，形成完整的旅游产品开发链条，以及统一的产品格调，切忌各自为阵，盲目开发。

(三)旅游企业建设

(1)铺设完整的旅游产业链条、旅游产业要素，完善旅游产业结构，集聚食、住、行、游、购、娱等功能于一体的旅游企业，将旅游企业向具有比较优势的景区、景点集中或沿流域分布，培育一批优越的旅游服务集团与企业。

(2)成立流域旅游开发与投资公司，进行市场化运作，保证旅游投资，实现旅游与市场直接接轨。政府要引导旅游企业开发流域旅游项目，促进流域旅游资源有序开发。

(3)流域内的旅游企业应建立合作的战略联盟，提高旅游产品的互补性，增加流域旅游的知名度，降低旅游企业的经营风险，扩大流域旅游在市场的份额，支持和引进有实力、有市场的企业通过兼并、联合、重组和加盟等方式，向规模集团化、经营网络化发展，努力培育跨区域、跨行业、跨所有制的大型企业。区域内旅游开发投资商、旅游企业经营者和管理者等与当地相关部门进行合作，共同开发区域旅游资源，设计富有特色的旅游产品，组合和包装旅游产品，拓展旅游市场空间，把流域旅游产业做强做大，树立流域旅游整体形象和形成一批旅游精品，增强国内和国际市场的竞争力，最终实现区域经济多方共赢的目标。

（4）由政府牵线，引导企业成为合作的主体，鼓励流域区域间的旅游企业开展服务接驳活动、信息交流活动、宣传推介活动、旅游便利化合作、旅游安全合作。

（四）旅游人才建设

流域旅游人才建设要建立、健全一套适合流域旅游发展的人才培养和开发机制，使旅游人才资源供给在数量、质量、结构和布局上与流域旅游的发展需要相适应，为流域旅游提供坚实的人才支撑和智力支持。

（1）努力调动各级各类旅游院校、办学单位培养流域旅游人才的积极性，形成社会化、开放式、多层次、多形式的大旅游教育体系，培养具有流域知识背景、旅游开发管理知识背景、水体保护知识背景的流域旅游人才。

（2）旅游企事业单位要建立能上能下、能进能出、有效激励、竞争择优、充满活力的流域旅游用人机制。

（3）充分发挥旅游行政部门、旅游协会、旅游院校（培训中心）和旅游企业的作用，形成优势互补，培养一大批流域旅游业发展需要的专业人才，实施导游人才建设工程、领导人才建设工程、紧缺人才建设工程。

（4）组建流域旅游开发与管理智囊团，吸纳旅游业界、旅游学界、旅游政界的学者专家，定期举行论坛会议，为流域旅游开发管理出谋划策、提供指导。

（五）旅游品牌建设

流域旅游品牌建设是一个动态循环的系统工程，主要包括品牌定位、品牌设计、品牌内部建设、品牌外部推广和品牌管理五个步骤。

（1）统一流域旅游的品牌共识，流域区域达成品牌合作意愿，结合实际建立流域旅游统一品牌。

（2）进行流域旅游品牌战略规划，从品牌定位、品牌设计、品牌内部建设、品牌外部推广和品牌管理等方面对品牌建设进行策划，形成流域旅游品牌建设的张本与依据。

（3）整合流域旅游产品体系建设、旅游硬环境建设、旅游软环境建设、品牌外部推广、品牌营销等，通过各种内部建设与服务保障，实现品牌战略管理，扩大品牌影响力。

（4）挖掘流域区域文化，以流域区域文化为支撑，实现品牌与文化的融合，提升品牌的文化内涵和文化含量，做有文化的品牌。

（5）对流域区域旅游产品进行宣传，提升市场知名度。以优势景区（点）为龙头，把流域区域内旅游品牌形象、景区形象和旅游精品线路有机结合进来，实行公众宣传和整体商业促销。集中财力进行宣传，降低促销成本，提高促销实效，尽快提高流域旅游品牌的市场知名度。

第五章 流域旅游开发组织管理
——云南红河流域案例

第一节 云南红河流域现状分析与评价

一、范围界定

亚洲著名的国际性河流红河，是云南六大水系之一，可以算得上是云南对外开放暨国际通道型的一条河流。红河连接着中越人民、云南和东南亚人民的一衣带水的传统友谊，是文化交流、经贸往来的一条黄金纽带。

云南红河是发源于云南省大理白族自治州巍山县哀牢山羊子江顶点的一条长河——巍山西河，干流沿东南方向流经大理州、楚雄州、玉溪市、红河州4个州市，依次流经巍山、南涧、南华、双柏、新平、元江、红河、元阳、个旧、蒙自、金平，从河口出境，流经12个县，流域面积大，涉及47个县、市。红河在中国境内只属于云南，是真正的"云南之子"。云南红河流域面积为74890km²，占整个红河国际流域面积的62.3%；干流河长为692km，占红河国际河长的58.49%；干流流量在六大水系中仅次于金沙江和澜沧江，位列云南第三。

二、云南红河流域的社会经济发展现状评价

云南红河流域旅游业发展迅速，成为流域流经各州市的经济核心区域，为各州市的旅游业和其他各项事业发展奠定了良好的经济基础。根据对云南红河流域旅游业发展的专项研究和分析，其经济发展具有以下特点。

(一)总体经济持续快速发展

"十一五"期间，云南红河流域经济快速发展，就旅游经济来说，云南红河流域旅游总收入累计达到855.33亿元，接待海内外游客17013万人次，与"十

五"期间相比有了很大幅度的提高。如表 5-1 所示,"十一五"期间大理州接待国内游客量年均增长 11.99%,接待海外游客量年均增长 17.00%,旅游创汇年均增长 20.47%,旅游总收入年均增长 15.46%;楚雄州全州累计接待海外游客人次比"十五"期间增长 115%,接待国内游客人次比"十五"期间增长 169%,旅游业总收入比"十五"期间增长 109%;玉溪市接待国内外游客人次年均增长 15.36%,旅游总收入年均增长 21.4%;红河州国内游客人数和海外旅游人数,比"十五"期间分别增长 270%、269.12%,旅游业总收入与"十五"期间同比增长了 355.72%。

表 5-1　云南红河流域流经州市"十一五"期间旅游相关指标表

地区＼指标	旅游总收入/亿元	旅游外汇收入/亿美元	国内旅游人数/万人次	国外旅游人数/万人次
大理州	390.33	4.27	4855.18	152.82
楚雄州	92.1	—	3104.63	4.3579
玉溪市	141.9	—	4282.74	
红河州	231	2.71	4565.7	47.04

数据来源:大理日报、《楚雄州文化旅游发展"十二五"规划》、玉溪市旅游局、《科学谋划高位推动红河旅游实现新发展》。

(二)各州市经济发展不平衡

1. 从各州市总体经济发展看

地区生产总值最大的是玉溪市,2014 年达到 1184.7 亿元,其中第三产业产值占地区生产总值的 30%;其次是红河州和大理州,2014 年生产总值分别为 1127.09 亿元和 832.18 亿元,其中第三产业产值占地区生产总值的比例分别为 31%和 36.8%;最后为楚雄州,2014 年生产总值为 269.05 亿元,第三产业产值占地区生产总值的 34.8%。形成这一发展不平衡的状况的因素是多方面的,既与当地的产业结构有关,又与这些地区的地理等自然因素有着紧密的联系,此外,还受国家政策以及重大重点项目的投资分布等方面的影响。具体如表 5-2所示。

表 5-2　2014 年云南红河流域流经州市生产总值表

地区 ＼ 指标	地区生产总值 /亿元	第一产业 /亿元	第二产业 /亿元	第三产业 /亿元
大理	832.18	181.87	343.97	306.34
楚雄	269.05	25.60	149.82	93.6227
玉溪	1184.7	674.4	112.8	355.5
红河	1127.09	196.79	581.36	348.94
合计	3413.02	1078.66	6420.19	1104.4

数据来源:《云南省 2014 年统计年鉴》

2. 从各州市旅游发展看

旅游总收入最多的是大理州,2014 年旅游总收入达到 322.93 亿元,相对比其他三个州市来说,其旅游外汇收入和海外旅游人数都遥遥领先,分别为 3.75 亿美元和 80.83 万人次,而且大理州的国内旅游人数达到 2567.18 万人次。其次是红河州,2014 年的旅游总收入达到 157.57 亿元;玉溪市和楚雄州 2014 年的旅游总收入分别为 108.57 亿元和 83.52 亿元。其中,2014 年玉溪市接待的海外旅游人数为 4863 人次,是云南红河流域四州市中最少的,如表 5-3 所示。

表 5-3　2014 年云南红河流域流经州市旅游总收入表

地区 ＼ 指标	旅游总收入 /亿元	海外旅游人数 /万人次	旅游外汇收入 /亿美元	国内旅游人数 /万人次	国内旅游收入 /亿元
大理	322.93	80.83	3.75	2567.18	299.85
楚雄	83.52	3.6117	0.076	1851	83.05
玉溪	108.57	0.4863	0.015	2029.95	108.48
红河	157.57	22.04	0.979	2112	147.42

数据来源:《云南省 2014 年统计年鉴》。

(三)人均经济指标快速增长

自 2010 年以来,大理州、楚雄州、玉溪市和红河州人均生产总值指标都有快速发展,甚至有的州市翻了一番。2014 年四大州市在人均生产总值方面都有了显著提高。由表 5-4 可知,玉溪市的人均生产总值达到了 50845.49 元,大理州、楚雄州、红河州的人均生产总值分别为 23872.63 元、25763.58 元、24555.52 元。通过人均生产总值可以看出云南红河流域经济发展的三个特征:

①近年来经济快速增长，发展水平稳步提升，经济活力进一步增强；②各州市经济发展不平衡，经济发展水平有明显差异；③人均经济发展水平有较大提高；④经济发展潜力巨大。

表 5-4　2014 年云南红河流域流经四州市三次产业构成和人均生产总值表

地区　　　　指标	第一产业比重/%	第二产业比重/%	第三产业比重/%	人均生产总值/元
大理州	21.8	41.4	36.8	23872.63
楚雄州	9.5	55.7	34.8	25763.58
玉溪市	10.4	59.6	30	50845.49
红河州	17.4	51.6	31	24555.52

数据来源：《云南省 2014 年统计年鉴》。

(四)产业结构调整效果明显

"十一五"期间，云南红河流域经济发展速度不断加快，经济增长质量不断提高，三次产业保持快速增长，结构调整也取得明显效果，第二产业增长势头较为强劲。2014 年，云南红河流域的第一产业、第二产业、第三产业在生产总值中的比重分别为 17.4%、51.6% 和 31%，都有了不同程度的增长。表 5-4 是云南红河流域四州市的三次产业构成和人均生产总值表。其中，大理州的产业格局较为合理，三次产业构成中第三产业超出第二产业的结构，使得大理州的经济可以持续快速发展。楚雄州、玉溪市和红河州的第二产业比重在三次产业构成中较大，说明第二产业的强劲发展加快了各州市的经济社会发展，这样的产业结构具有十分重要的战略意义。

三、云南红河流域开发水平分析与评价

(一)云南红河流域旅游资源现状

云南红河流域旅游资源主要包括以自然、生态、民族文化风情为核心的河谷生态、民族文化等。红河源头自西北向东南一泻千里，斜贯直下，两岸是典型的热带河谷生态田园风光。加之顺江而下越来越多的少数民族，使得云南红河流域具有了与其他流域不同的民族文化旅游资源。

1. 旅游资源类型齐全且数量丰富

(1)云南红河流域具有独特、多样的气候类型及丰富的自然资源。整个云南红河流域，最高点为哀牢山主峰大血锅山，海拔为3138m，最低点为云南省河口县红河与南溪河的交界，海拔为76m，是云南省的最低点，相对高差达3062m。由于海拔高度悬殊，以及地形地貌多样等因素的影响，云南红河流域表现出"一山分四季，十里不同天"的立体气候，出现热带、亚热带、北温带、南温带、亚寒带等气候类型，使生物资源具有多样性。同时，多样的气候类型也为多民族择优而居提供了条件，正如当地流传的一句俗语：汉族住街头，傣族住水头，彝族、哈尼住山腰，苗族、瑶族住山头。

哀牢山脉是云贵高原、横断山脉和青藏高原三大自然地理区域的结合部，是云南东、西两大气候带的天然屏障，是多种生物区系地理成分的荟萃之地。这里有1486种高等植物和800多种动物，建有哀牢山国家级自然保护区（双柏、新平）和大中山（南华）、分水岭（金平）省级自然保护区。新平县境内的自然生态保留最为完整，在地质、气象生物等方面具有较高的科研价值，有"植被王国"、"动物王国"、"鸟的天堂"等美誉，是难得的生物"基因库"，并于1992年被列为联合国"人与生物圈计划"。云南红河流域元江县以下，两侧山麓是我省著名的经济作物特产区，有着几百万公顷的良田，具有多种气候环境和生态环境类型，生物资源种类繁多，开发潜力较大。

(2)云南红河流域拥有深厚历史沉淀的人文景观。一方面，历史遗存保留了许多古塔、古寺庙和古遗迹等旅游资源。此类旅游资源在巍山和元江体现最为明显。巍山不仅是云南省境内红河的发源地，还是盛唐时期南诏国的发源地。因此，它是国家级历史文化名城，如巍山国家级森林公园相传为南诏始祖细奴罗耕牧之地。巍山道教盛行，是云南省道教名山。此外，元江的它克崖画是云南省重点文物保护单位，是宝贵的历史遗产。另一方面，历史遗留也保留了众多的历史人文景观。在新平县境内出土的新石器时代和青铜时代的文物有力地证实了这片土地早已有四、五千年的历史；另外，还有如哈尼梯田、哀牢梯田等历史人文景观，已成为一大具有吸引力的旅游资源。

(3)云南红河流域具有特色突出的民族文化旅游资源。云南省拥有25个少数民族，多样性的民俗文化成就了其独特的民族文化旅游资源。同样，云南红河流域内蕴含着浓郁多样的哀牢民族风情，民族文化丰富多彩、形式独特、寓意深刻、影响深远。其中花腰傣和哈尼族文化等特色较为突出，也在一定程度上为开展民族风情旅游创造了优越的条件。

2. 旅游资源级别高，吸引力强

云南红河流域不仅旅游资源丰富，而且旅游资源级别较高。高品质的旅游资源在一定程度上决定了旅游资源的吸引力。这些旅游资源丰富和完善了旅游要素，提升了景区品质和形象，不断吸引大批游客。

截止 2014 年底，大理州共有 22 个 A 级景区，其中 5A 级 1 个（大理崇圣寺三塔文化旅游区），4A 级 6 个（大理南诏风情岛、大理宾川鸡足山景区、大理银都水乡新华村景区、大理剑川石宝山、沙溪古镇旅游区、大理古城和大理祥云水目山文化旅游区），3A 级 6 个（蝴蝶泉公园、天龙八部影视城、大理地热国、大理洱源西湖、张家花园和剑川千狮山景区、），2A 级 9 个（洱海公园、天镜阁景区、上关花公园、弥渡东山森林公园、漾濞石门关景区、大理南国城、祥云云南驿景区、鹤庆边陲古寨和大理古城武庙会景区等）。楚雄州拥有国家 A 级旅游景区 12 个，其中，4A 级 5 个（禄丰世界恐龙谷、楚雄彝人古镇、元谋土林、武定狮子山和楚雄州博物馆），3A 级 6 个（禄丰黑井古镇、南华咪依噜风情谷、楚雄紫溪山、大姚石羊古镇、姚安光禄古镇和元谋人博物馆），2A 级 1 个（永仁方山景区）。玉溪市建成了旅游景区 65 个，其中包括 4A 级 4 个（通海秀山公园、玉溪映月潭修闲文化中心、玉溪汇龙生态园和澄江禄冲景区）、3A 级 2 个（江川古滇国文化园、玉溪漠沙大沐浴花腰傣文化生态旅游区），2A 级 12 个，国家地质公园 1 个，省级旅游小镇 3 个，省级特色旅游村 10 个，星级酒店 42 家等。红河州建水临安镇被国家住建部、国家旅游局评为"全国特色景观旅游示范名镇"，弥勒县被云南省政府评为"云南省旅游强县"，建水西庄镇、蒙自新安所镇、石屏异龙镇、屏边玉屏镇、泸西中枢镇五个乡镇被云南省建设厅、云南省旅游局评为"云南省旅游小镇"，个旧市沙甸、弥勒可邑村、泸西城子村、建水团山村、热水塘村、元阳箐口村、红河甲寅作夫村和宝华龙甲村八个村被云南省旅游局列入云南省"旅游特色村"建设。

（二）云南红河流域旅游开发状况

改革开放以来，云南红河流域立足于得天独厚的资源优势和区位条件，把旅游业作为支柱产业培育，通过加快资源整合，推进项目建设、培育旅游精品、完善服务功能、优化旅游环境、突出区域特色、创新营销理念，使云南红河流域旅游业持续快速发展，促进了经济效益、社会效益和环境生态效益同步提高，确立了旅游业在经济社会发展中的重要地位。然而，云南红河流域的旅游开发中也存在一定的不足。

一方面，云南红河流域范围内的县城，如巍山、南涧、南华、双柏、新平等，由于地理环境和水域的连接等因素，使之成为了许多种文化的交汇叠合点，形成了多样、复杂、内含丰富、影响深远的文化。这样丰富多彩的文化体系在一定程度上吸引了众多国内外游客，为云南红河流域的旅游发展做出了重大贡献，也为当地旅游和其他各项经济的发展奠定了基础。

另一方面，上述独特的地形和生态环境又在一定程度上阻碍了地区旅游业的发展。虽然云南红河流域富含民族风情，但是由于各地区之间地理空间的隔阂造成了不同文化的闭塞性和封闭性，使得经济结构单一，发展水平不高，这也成为制约旅游发展的瓶颈之一。

此外，巍山是红河的发源地，也是南诏文化的发源地，已被列为国家级历史文化名城。红河元阳哈尼梯田等也已列为全国农业旅游示范点，这些都是带动云南红河流域旅游发展的主要因素。但是由于多方面的原因，许多资源开发尚处于初级阶段，如新平漠沙大沐浴民族文化生态旅游示范区、元江那诺云海梯田等还在规划开发和建设中。而旅游资源开发的程度和水平反映了一个地区旅游吸引力的大小，仅靠巍山、元阳等地有限的高品质旅游产品无法长期吸引国内外游客，也就无法带动旅游业的进一步飞跃。因此，云南红河流域多区域之间的协调发展、旅游资源的深度开发和融合成为发展云南红河流域旅游业的重点。

(三)云南红河流域旅游开发总体分析与评价

1. 旅游业主要指标持续快速发展

2010 年，云南红河流域四州市国内旅游者中过夜旅游者消费达到 1647.84元/(人·天)，国内一日游游客消费为 1103.34 元/(人·天)，国内旅游者平均停留时间为 8.06 天，同比有很大提高。其中，大理州的国内游客消费水平最高，国内游客中过夜旅游者消费达到 683.89 元/(人·天)；其次是玉溪市和红河州，国内游客平均停留时间超过大理州和楚雄州，分别为 2.78 天和 2.31 天；最后是楚雄州，相关旅游指标同比也有了一定程度的提高，如表 5-5 所示。

表 5-5 2010 年国内旅游者在云南红河流域各州市花费水平

指标\n州市	过夜旅游者\n/元/（人·天）	一日游游客\n/元/（人次）	平均停留时间\n/天
大理州	683.89	412.91	1.45
楚雄州	246.21	188.79	1.52
玉溪市	369.59	213.53	2.78
红河州	348.15	288.11	2.31
合计	1647.84	1103.34	8.06

数据来源：2010 年国内旅游者在云南及各地区花费水平。

此外，从表 5-6 可以看出，云南红河流域大理州、楚雄州、玉溪市和红河州 2010 年旅游接待人数排名分别为第二名、第五名、第四名和第三名，包揽了除昆明市之外的前四名。这四州市在云南省旅游总收入方面的排名也是比较靠前的，大理州排名第二，楚雄州排名第十一，玉溪市排名第九，红河州排名第五。另外，云南红河流域四州市在云南省 2010 年旅游接待口岸一日游人数中相比较其他地区排名靠前。这些旅游指标表明，云南红河流域四州市旅游指标持续快速发展，为云南红河流域的旅游发展和其他产业的发展做出了较大贡献。

表 5-6 云南省各州市 2010 年旅游接待人数及旅游收入排名表

项目\n州市	接待国内外旅游者	其中		旅游总收入	其中			口岸一日游人数
		国内旅游者	海外旅游者		国内旅游收入	旅游外汇收入	海外一日游创汇	
昆明市	1	1	1	1	1	2	—	—
大理州	2	2	4	2	2	4	—	—
红河州	3	3	6	5	5	6	2	2
玉溪市	4	4	15	9	7	15	—	—
楚雄州	5	5	11	11	11	12	—	—
丽江市	6	6	3	3	3	3	—	—
西双版纳	7	7	5	4	4	5	3	3
曲靖市	8	8	13	8	6	14	—	—
保山市	9	9	8	12	12	8	7	7
昭通市	10	10	16	13	13	16	—	—
迪庆州	11	11	2	6	10	1	—	—
德宏州	12	13	7	7	8	7	1	1

续表

项目 州市	接待国内 外旅游者	其中		旅游总 收入	其中			口岸一日 游人数
		国内旅 游者	海外旅 游者		国内旅游 收入	旅游外汇 收入	海外一日 游创汇	
文山州	13	12	12	10	9	13	4	4
普洱市	14	14	10	14	14	11	6	6
临沧市	15	15	9	15	15	9	5	5
怒江州	16	16	14	16	16	10	8	8

注：根据云南省旅游局提供数据整理。

2. 旅游业对经济发展的带动作用持续增强

云南红河流域旅游产业在快速发展、产业规模不断扩大的同时，也对国民经济有重大贡献，使旅游业成为云南红河流域的重要支柱产业。2009 年，云南红河流域实现旅游业总收入 205.74 亿元，相当于大理州、楚雄州、玉溪市和红河州四州市地区生产总值（GDP）的 11％，相当于四州市第三产业产值总值的 31％，具体如图 5-1 和图 5-2 所示。

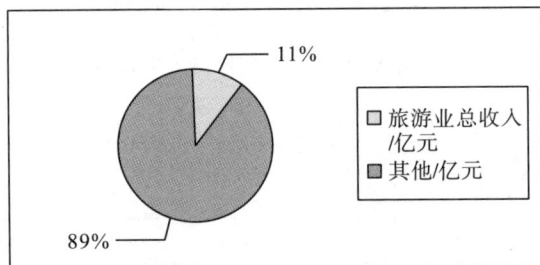

图 5-1　2009 年云南红河流域旅游业总收入相当于 GDP 比重

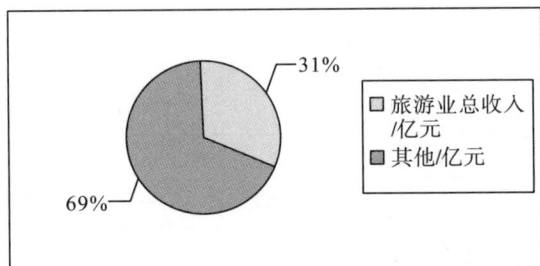

图 5-2　2009 年云南红河流域旅游业总收入相当于第三产业比重

旅游业已从单一的产业功能开始向经济、社会和文化等多功能转化，旅游业与教育、工业、农业、科技、文化等行业相融合，不仅加快了云南红河流域各区域之间的合作，优化了经济环境效益，而且促进了经济社会的发展。

3. 旅游业在云南红河流域的地位突出

（1）在"十一五"期间，云南红河流域的旅游业发展取得了很大成就，累计接待国内外游客达到 17012.47 万人次，旅游总收入累计达到 85.33 亿元，，比起"十五"期间都有了较大幅度的提高。旅游业旅游总收入在 GDP 及第三产业中的比重也显现出旅游业在云南红河流域的突出地位，为提高全流域国民总收入做出了巨大贡献，也为云南红河流域其他领域经济的发展奠定了良好的基础。

（2）旅游业的发展也对云南红河流域起到了有力的宣传作用，在经济效益凸显的同时，社会效益、环境效益也得到了保障和提高。旅游业的快速发展起到了扩大居民就业、增加居民收入、吸引投资、促进各州市经济发展的作用。旅游业发展提高了当地居民对环境保护和文化保护的意识，各民族民俗文化和各州市周边环境得到了较好的保护。各州市政府在完善旅游开发制度的同时，对云南红河流域旅游的大力宣传在一定程度上提高了游客的旅游素质。各州市旅游部门、旅行社及其他相关部门改善了旅游开发方法。上述三方面的努力使云南红河流域在发展旅游的同时，使经济效益、环境效益和社会效益和谐发展，为实现旅游可持续发展奠定了基础。

（3）云南红河流域旅游业的发展对民族文化旅游资源的开发与保护起到重要作用。政府、旅游部门和旅游开发商以可持续发展为原则进行旅游开发，对旅游工作人员和当地居民进行科普教育，保护民族文化旅游资源。此外，由于旅游的发展给云南红河流域各州市带来了较高的收入，而各州市想长远地发展旅游业就必须要注重民族文化旅游资源的保护，这样才能使旅游长期且连续地为云南红河流域做贡献。

表 5-7 给出了大理州、楚雄州、玉溪市和红河州 2014 年旅游发展的比较情况，旅游业在各州市第三产业和 GDP 中都占有一定的比重。尤其是大理州和楚雄州，旅游业在 GDP 和第三产业中的比重分别为 38.8%、60.58%，31.15% 和 33.65%，可见旅游业在这两大州占据了龙头产业的地位；红河州和玉溪市的旅游业地位也很突出，在 GDP 和第三产业中的比重分别为 9.16%、30.52%，13.98% 和 45.16%。

表 5-7　云南红河流域流经四州市旅游发展比较

指标 地区	旅游总人次 /万人	旅游总收入 /亿元	GDP/亿元	旅游业相当于 GDP 比重/%	旅游业相当于 第三产业比重/%
大理州	2648.01	322.93	832.18	38.8	60.58
楚雄州	1854.61	83.52	269.05	31.15	33.65
玉溪市	2030.44	108.57	1184.7	9.16	30.52
红河州	2134	157.57	1127.09	13.98	45.16

数据来源:《云南省 2014 年统计年鉴》。

四、云南红河流域旅游开发主体组织管理现状分析

(一)坚持政府主导型战略,把旅游业作为支柱产业来培养

　　为了加强对旅游产业的扶持和管理,云南红河流域坚持"政府主导、企业主体、行业促进、市场推动、社区参与"的旅游产业发展方针,以改革为动力,创新管理体制、优化发展环境,实施大项目突破,积极开拓国内外旅游市场,促进旅游产业由粗放型向集约型转变、资源优势向经济优势转变,把旅游产业培育成云南红河流域的支柱产业。

　　大理州州委、州政府成立旅游发展小组,并出台了《关于关于进一步加快旅游二次创业的意见》、《大理州苍洱片区旅游产业发展和改革综合试点工作实施方案》等一系列指导性文件和行之有效的政策措施。楚雄州州委、州政府于"十一五"期间出台了《关于进一步加快文化旅游产业发展的实施意见》、《关于加快乡村旅游发展的实施意见》以及《关于统筹全州旅游线路与市场开发的实施意见》等指导性文件。红河州州委、州政府出台了《中共红河州委、红河州人民政府关于进一步加快红河旅游产业发展的决定》等文件。玉溪市市政府也出台了相关政策文件作为旅游可持续发展的保障之一。

(二)坚持大项目带动战略,加快旅游重大项目建设,突出旅游核心竞争力

　　云南红河流域各州市坚持大项目带动大发展,以抓大项目为突破口,以大思路、大手笔、大气魄谋划大项目,以高起点、高标准、高水平建设大项目,千方百计推进大项目的实施,从而加快旅游重大项目的建设,突出旅游核心竞争力。

2006 年，大理州大理古城、喜洲镇、巍山南诏镇、剑川沙溪镇入选云南省特色旅游小镇。2008～2010 年，大理市周城村、鹤庆县新华村、漾濞县光明村、剑川县寺登街、云龙县诺邓村、弥渡县文盛街村、宾川县沙址村、祥云县旧邑村、永平县曲硐村、鹤庆县长头村、祥云县云南驿村、巍山县东莲花村共 12 个村先后被列入全省旅游特色村。

楚雄州的世界恐龙谷、元谋东方人类祭祖坛、中国彝州文化大观园三大重点文化旅游项目的开发和推出，有力地提升了彝州楚雄在国内外的知名度、美誉度和影响力，成为云南旅游"二次创业"中的响亮品牌和新的增长点。

玉溪市正着力于推进湖畔圣水、九龙国际会议中心二期等的建设，在增强旅游核心竞争力的同时，增强旅游资源的吸引力。与此同时，红河州也在着力于推进弥勒锦屏山风景区、泸西阿庐温泉康体运动休闲度假中心、蒙自长桥海——碧色寨旅游度假区、异龙湖生态休闲度假区、开远市凤凰谷乡村旅游、大屯海北回归线国际康体休闲旅游小镇、建水泸江河景观恢复项目、建水青山休闲运动生态园和云龙旅游度假区、金平中华蝴蝶谷等 10 个重点项目的策划规划建设。

（三）坚持大开放战略，打造特色旅游产品及路线

云南红河流域各州市坚持大开放、大招商、招大商、促发展的原则，在对全州文化旅游资源进行筛选、论证、创意策划、规划、包装、项目立项的基础上，进行全方位招商，加快云南红河流域旅游资源向文化旅游资本的转化。与此同时云南红河流域认真抓好特色旅游产品的开发，实施旅游精品名牌战略，着力打好几张"特色旅游牌"，打造特色旅游产品及路线，满足现代旅游市场多样化、个性化、体验化等的需求特点。

（四）坚持市场多元化战略，积极开拓国内外市场

首先，云南红河流域在"政府主导、企业主体、行业促进、市场推动、社区参与"的原则下，立足国内，开拓海外，建立"政府引导、企业主体、市场营销、上下联动、左右互动"的旅游宣传促销新机制，整合资源，集中投入，在央视等主流媒体做好旅游形象宣传。

其次，旅游企业采取走出去、请进来相结合的方式，加大对新加坡、马来西亚、泰国、日本、韩国等东南亚客源市场和欧美市场的宣传促销力度，开拓高端游客市场。

另外，旅游企业采取包机直航等多种形式，积极开通国内主要客源地的航

线；继承和弘扬非物质文化遗产，办好本土节庆，培育具有民族地方特色的节庆旅游产品。在市场多元化的平台上，积极开拓国内外旅游市场。

(五)建立创新旅游管理体制和经营机制

首先，云南红河流域各州市主要领导及有关部门负责人需争取到中央、省级有关部委的支持，在有关云南红河流域旅游发展全局的关键性问题方面取得共识并争取政策、资金支持，积极参与到红河旅游发展项目招商引资、规划评审和宣传推介活动中，为建立创新旅游管理体制和经营机制寻找契机。

其次，云南红河流域各州市应从创新管理体制、经营机制入手，进一步整顿和规范旅游市场秩序，构建诚信旅游体系，做大做强旅游企业，实现旅游行业提质增效。

第三，云南红河流域各州市旅行社及旅游相关部门整合现有旅行社及两城区收客网点，组建散客集散中心，实行统一收客价格，统一经营通道，推出多样化线路产品，规范散客旅游接待，为散客提供优质服务。组建成立营销服务中心，对景点、酒店和购物店实行统一采购、统一考核奖励，鼓励旅行社向外拓展市场，扩大地接业务，健全自律监管机制，规范旅游团队接待，遏制恶性竞争势头，确保企业利益。

第四，云南红河流域各州市旅游及旅游相关部门组建导游服务公司，让导游人员的服务和管理市场化，为导游人员提供技能培训、全程考核和年检服务，完善导游管理，探索导游人员分类管理和派遣服务新模式。

第五，云南红河流域各州市旅游及旅游相关部门组建古城旅游观光电动车公司，改善古城旅游交通条件，营造古城宁静、轻松、休闲、有序的旅游环境。积极开展包机业务，努力拓展高端客源市场，以此完善云南红河流域的外部通达性，提升云南红河流域旅游的知名度和影响力。

第二节　云南红河流域旅游开发的组织管理体制改革与机制创新

一、组织形式改革与创新

(一)组织形式改革与创新的思路

云南红河流域旅游开发的组织形式改革与创新的基本思路是运用组织形式扁平

化理论,尽可能减少流域旅游开发管理组织的管理层级,建立起一种紧凑的横向组织。

(二)组织形式改革与创新的目标

通过构建形式扁平化的流域旅游开发管理组织,建立起富有弹性的新型组织管理模式,以提高流域旅游开发管理组织的整体运作效率和管理水平,使流域旅游开发管理组织的理念、决策等能够在实际流域开发与管理中得到快速应用,使流域旅游开发的管理组织更好地为流域旅游整体开发服务。

(三)组织形式改革与创新的模式

在云南红河流域旅游开发的组织形式上,可以采用矩阵制组织模式与内部组织模式相结合的综合性模式。

矩阵制组织模式,即围绕云南红河流域旅游开发的专项任务成立跨越职能部门的专门机构或办公室,在流域旅游开发与组织管理的不同阶段,由相关部门或行业派人进入流域旅游开发的管理。例如,在流域旅游开发阶段,由旅游局等相关部门派遣旅游专家、规划专家和生态专家等进入流域旅游开发的管理组织,而在后期的市场营销阶段则引入营销专家进入管理组织。组织结构形式是固定的,人员却是相对变动的,需要谁,谁就来,任务完成后就可以离开。

内部组织模式强调以知识团队为基础。云南红河流域旅游开发的管理组织是以协调为宗旨,基于多种专业人才、知识专家的复合型组织。因此云南红河流域旅游开发管理组织的内部应该是由平等的人、同事形成的组织。组织的每一个成员的业绩都是由他对组织的贡献而不是由其地位高低来决定的。扁平化的流域旅游开发管理组织的主要优势是在一个精益的组织内,对流域旅游开发管理组织内所拥有的知识、信息、资源进行整合、创造和管理,从而直接面向流域的整体性、协调性进行开发。

将矩阵制模式与内部模式进行有机结合,既充分发挥了矩阵制模式的优点,又吸取了内部模式的精髓,更加有利于云南红河流域旅游开发管理的运营与维护。

(四)组织形式改革与创新的机制

1. 流域旅游开发管理组织形式应尽量扁平化

云南红河流域旅游开发的管理组织要尽量控制管理层级,减少组织的层级幅度，避免因流域旅游开发的管理组织层级过多而降低组织的反应灵敏度。尽力完善流域旅游开发管理组织的具体职能，并设立专门的职能办公室，引入专业人才，加强流域开发管理组织的横向协作能力和攻关能力。

2. 设定流域旅游开发管理组织的知识目标

流域旅游开发管理组织成员的个人知识目标必须符合扁平化组织的总体知识发展的要求，或者说个人知识效率体现必须要满足流域旅游开发管理组织整体的知识演化目标。因此，设定流域旅游开发管理组织的知识目标能够实现成员与组织整体知识链的有效整合，以获得知识智慧的协同效应。

3. 完善支持结构

在云南红河流域旅游开发管理组织的实际决策执行过程当中，存在许多不可控因素，为了进行协调并以最大程度发挥流域旅游开发管理组织的知识能量，应当完善外在组织支持结构。扁平化组织形式的内部模式是以知识链为工作核心，同时要有高层知识成员和团队进行协调，专家系统进行必要的智力支持。

二、组织管理体制改革与创新

（一）组织管理体制改革与创新的思路

以流域区域内组织协调管理为主，以地方行政区划组织管理为辅，在流域大区域内进行相关资源的配置和协调。

（二）组织管理体制改革与创新的模式

组织管理体制改革与创新的模式主要有：宏观多元综合管理模式；以云南红河流域为主体的中观综合管理模式。

（三）组织管理体制改革与创新的目标

通过多元综合管理模式，实现云南红河流域区域内，各地方政府流域旅游开发的组织管理与地方行政区域的有机结合，协调云南红河流域区域内各利益主体之间的关系，促进云南红河流域旅游开发与组织管理水平的提升。

（四）组织管理体制改革与创新的机制

1. 宏观多元综合管理模式

地方利益集团要通过流域旅游开发协调委员会的监督理进行旅游资源的开发，并要对流域旅游开发协调委员会负责，而流域旅游开发协调委员会要接受社会公众的监督并对社会公众负责。流域旅游开发协调委员会在流域区域内对旅游资源开发、环境、生态保护等负主要责任，并协调流域区域内的经济利益关系。云南红河流域旅游开发协调委员会与地方政府之间是平级并且相互独立、相互监督的关系。

2. 以云南红河流域为主体的中观综合管理体制

强化云南红河流域管理组织的综合管理，变以往单纯的旅游资源开发利用管理为旅游开发与资源保护并重的综合管理，将流域资源、生态与环境保护列入流域旅游开发综合管理的优先目标。增强流域旅游开发组织管理的权威性，强化流域旅游开发综合规划工作，明确流域旅游开发管理事务的目标和重点任务，以流域旅游开发综合规划指导各项事务管理。探寻合作解决流域旅游发展与保护的具体途径，切实完善社会公众和利益相关方共同参与机制。

三、组织管理结构改革与创新

（一）组织管理结构改革与创新的思路

结合管理组织构建的基本原理与云南红河流域旅游开发的组织管理现状，构建出更加完善的云南红河流域旅游开发管理组织，如图 5-3 所示。

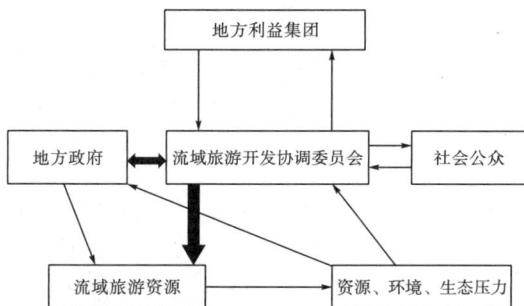

图 5-3　云南红河流域旅游开发组织多元综合管理模式图

(二)组织管理结构改革与创新的目标

通过构建一个全新的云南红河流域旅游开发管理协调组织，完善组织的结构，加强对云南红河流域旅游开发的管理职能，设置相应的职能机构，提升云南红河流域旅游开发的组织管理水平和效率水平。

(三)组织管理机构的设立

1. 流域旅游开发协调委员会的委员构成

在流域旅游开发的管理过程中，可以设立一个流域旅游开发协调委员会。流域旅游开发协调委员会的委员主要组成如下。

(1)水利厅、建设厅、旅游局等相关行政部门的主要领导。这样能够使各行政部门之间相互协调，加强委员会的组织协调能力，充分发挥政府主要领导在旅游发展中的作用。

(2)流域流经的行政区域的主要领导。各行政区域的领导可以按照规定的比例参与到委员会中，以实现旅游开发过程中的区域公平和民主，充分协调各区域之间的利益。

(3)流域内各行政区域的旅游局和水利局等部门的主要领导。这些成员对区域内的水文以及旅游资源较为熟悉，能够实现旅游资源的有效整合。

(4)相关的生态、环境、水文、旅游专家和学者等。旅游专家、生态专家和学者等能够对流域旅游开发项目进行科学合理地论证，能够对流域的旅游开发提供宝贵的建议和经验，使流域旅游开发少走弯路，达到较高的旅游开发标准。水文、环境等专家学者能够对流域的整体环境进行综合的评估，为整个流域的环境保护与治理提供意见，使流域旅游能够实现可持续的发展。

(5)旅游开发商、旅游投资商、旅游经营商等旅游业代表。这些代表是旅游业开发和运营的主体，他们参与到管理组织中能够充分地了解旅游开发的相关政策和决策，能够更好地进行开发投资决策，借助规模企业的良好业绩和市场的融资功能发展旅游业，能够更好地保障后期的流域旅游的良好运营。

(6)流域内的社区居民。流域内的旅游开发与流域的社区居民的切身利益密切相关。当流域旅游开发损害到他们的切身利益，并得不到合理的补偿时，他们会对旅游开发本身产生敌视情绪，进而会将这种情绪转移发泄到旅游者身上。这将阻碍旅游开发和后期的旅游运营，不利于流域旅游管理的顺利运行。通过流域旅游开发协调委员会的协调与服务职能，化解旅游开发与社区居民之间的矛盾，为流域旅游开发奠定基础，营造良好的环境。

2. 各相关办公室的基本职能

云南红河流域旅游开发的组织管理结构如图 5-4 所示。

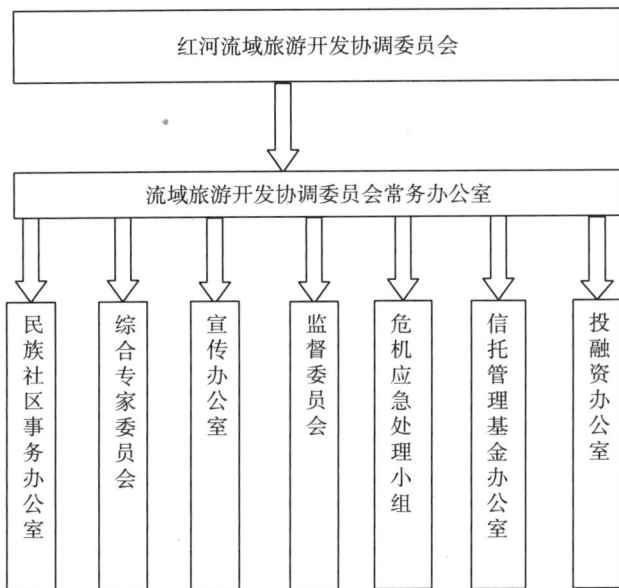

图 5-4　云南红河流域旅游开发组织管理结构图

（1）流域旅游开发协调委员会常务办公室。负责执行流域旅游开发协调委员会的相关决定，并全权处理组织的日常事务。

（2）投资融资办公室。负责搭建投资融资平台，为流域旅游开发招商引资，促进政企合作。

（3）宣传办公室。做好流域旅游开发及管理过程中的对外宣传工作，为今后的旅游宣传打好基础。

（4）民族社区事务办公室。负责协调云南红河流域区域之间的协调工作，以及做好社区居民的安抚工作，切实了解各地区区域的需求和社区居民的需要。

（5）监督委员会。监督流域旅游开发管理组织的工作执行程度和进度，以有效手段督促各部门切实完成各自既定的任务和公作。

（6）综合专家委员会。对流域内的旅游资源以及开发程度、生态、水文等相关因素给予客观公正的评价，为流域旅游开发决策、管理、环境生态保护等提供科学依据。

(7)危机处理小组。负责处理各种突发事件和突发状况，做好各种应急措施。

(8)信托管理基金办公室。信托基金成立的指导思想主要基于公益性用途，不能完全依靠企业的投入，同时还要依靠社会的支持保护流域地区的生态、水文等自然环境。基金主要来自于经济性用途的税收，如电力税收等。流域地区上缴的部分税款可根据需要返回，把这些补偿性资金用于流域旅游再开发及环境保护。

四、区域协调机制改革与创新

（一）区域协调机制改革与创新的思路

通过一系列机制体制改革，充分发挥云南红河流域旅游开发协调委员会的组织协调职能，加强流域区域内各相关利益主体之间的交流、协调、互动合作。

（二）区域协调机制改革与创新的目标

构建以云南红河流域地区旅游带为主的流域旅游合作模式，来淡化地方行政区域划分，从流域整体的角度强化流域各地区之间的旅游经济联系，形成客源市场、旅游信息、旅游文化等高度一体化的发展态势，从而实现管理机制向发展机制的转变。

（三）区域协调机制改革与创新的协调机制

1. 协商解决机制

云南红河流域开发协调办公室充当中间人，同时扮演主持人角色，通过流域各地区之间的磋商与协调，实现信息的有效沟通，化解云南红河流域各行政区域之间的矛盾，达成妥协，实现多赢。

2. 行政推动机制

在云南红河流域的大区域背景下，以地方行政的力量来推动本行政区域内的分工与协作，提升本行政区域内整体形象和影响。在提高行政区域整体利益的同时，还要充分与云南红河流域旅游开发协调委员会进行衔接，各行政区域共同构建流域大区域的整体形象，使流域各区域共同受益。

3. 健全三大主体协管机制

(1)政府要归位。按照深化政府改革的要求，将云南红河流域内的政府职能转变到提供服务和营造环境上来，同时转变到注重社会管理和公共产品上来。凡是旅游企业或非政府旅游组织能够有效解决的问题，都应该让它们充分的发挥作用。同时制定优惠灵活的土地政策、税收政策、金融政策，放眼长远、不计较眼前利益，用足对外开放、扶贫、少数民族、革命老区等优惠政策，最大限度地吸引投资者。例如，减免所得税、营业税、固定资产投资方向调节税，对成区连片开发旅游项目、开发重点旅游项目者给予最优惠的地价，允许旅游用地、景区景点进行抵押贷款。

(2)企业要到位。确立旅游企业在云南红河流域旅游开发中的主体地位，消除一切有碍于要素自由流动和企业自主决策的羁绊，营造良好的企业发展环境，形成有利的约束条件。通过同类企业、不同类企业之间的合作，以及企业内部和企业之间的地域分工合作，实现资源、理念、资金、技术、人才和管理等方面的优势互补，确保云南红河流域的旅游竞争力得到增强。

(3)非政府组织。给予流域区域内的旅游行业协会等非政府组织应有的地位，赋予其相应的职能和权限。尽快改变现有行业协会等非政府组织的行政化倾向，维护旅游企业以及相关利益主体的利益，获得各方面的支持，成为联系政府、流域旅游开发协调委员会与旅游企业等利益集团的纽带，担负起行业服务、行业自律、行业协调的职能。

第三节　云南红河流域旅游开发组织管理的模式分析

一、组织合作管理模式

流域旅游在开发过程中的组织合作的管理模式形式多样。云南红河流域旅游开发组织管理主要从政府、企业和社区三个利益主体出发，政府在保护旅游生态环境与少数民族传统文化的基础上，根据互惠共赢的发展思路，制定流域旅游开发的区域政策，发挥政府的主导作用。企业以投资利益最大化为主要目的，通过承担社会责任的方式在组织结构中发挥相应作用，从而推动产品和市场的联动发展。社区以创新社会管理、包容性增长的发展要求制定相应对策，从而提高社区参与的积极性，提高云南红河流域区域旅游开发组织管理效率。基于政府、企业和社区三个利益主体，以和谐管理理论为基础，针对行业合作、资本合作、经营合作和空间合作等合作模式，开展规范有序的规划和干预对策，以及统筹兼顾的实施对策研究。

（一）结构合作模式——行业合作

旅游是由吃、住、行、游、购、娱六方面要素组成，旅游开发不仅仅要协调好酒店、旅行社以及景区等各旅游服务机构间的相互关系，还要兼顾与物流业、保险业、交通业、制造业等行业间的合作。例如，在旅游开发与物流行业的合作中，物流业主要提供一项专门为旅游者配送小物件的服务，主要针对小行李及高尔夫用具等不方便携带的行李。因此，加强行业合作，不仅能为流域旅游提供便捷的服务，还可以大大提高旅游者对于流域旅游的满意度，从而提高区域旅游开发的组织管理效率。

1. 政府

政府在促进各行业与旅游业的合作过程中起着政策性的规范作用。一方面，在云南红河流域旅游开发过程中，保护水资源不受污染的前提至关重要，以保证红河旅游的可持续发展。在水生态环境协调方面，对污染性强的重工业、制造业等行业，政府要颁布相关法令要求其搬迁，并禁止其排放污染物或设定污染物排放标准。另一方面，由于云南红河流域流经云南省四个州市，存在行政区划障碍问题，因此在保护水资源方面，要求各州市政府在自身高度重视的基础上，每年定期举行关于云南红河流域水资源保护的区域协调会议，要求各行业的企业代表参与会议，并进行水环境保护知识的宣传，消除合作壁垒，创造良好的合作环境，协调磋商合作进行的程度以及合作中可能遇到的问题，保障合作顺利进行。

2. 企业

企业是行业合作中的微观主体，行业合作不仅会促进区域旅游的协调发展，更有利于企业实现各自的利益最大化。因此，企业会积极主动的进行行业间的合作，包括行业横向合作和行业纵向合作。企业实现行业横向合作的主要方式是通过成立旅游行业协会，包括旅游饭店协会、旅游景区协会、旅行社协会、旅游合作基金会等行业协会。企业实现行业纵向合作的主要方式是通过构建旅游信息平台，使云南红河流域上的景区、旅行社、酒店和其他商业企业在获得充分的信息的基础上，合理地调动企业资源，建立统一的旅游信息网站，整体打造云南红河流域区域旅游品牌，深化大众对其旅游形象的认知，同时实现信息共享。

3. 社区

流域旅游的开发能够带动当地相关产业的发展，使其增加收入，从而促进社区经济的发展。由于旅游业的关联性，云南红河流域旅游开发不仅可以为社区居民提供更多的就业机会，还可以促进当地社区农业、手工业等其他行业的发展，从而带动当地经济的整体发展。旅游相关行业的合作模式使与旅游相关的工作人员的需求有所增加，因此，社区可以通过开展服务业培训等方式，为云南红河流域旅游开发提供服务人员供给保障。

(二)资本合作模式——资金合作

流域旅游开发经由组织管理实现的资本合作方式是：通过云南红河流域流经的四个州市政府的旅游局，为流域旅游开发搭建融资平台。资金合作可通过政府主导来提供平台，或企业与社区共同参与以获得经济效益等途径。同时，在云南红河流域旅游开发组织合作管理中，实现流域社区居民获得公平的经济增长机会。

1. 政府

政府在云南红河流域旅游开发的资金合作方面，起到的主要作用是：以政府为主导，为企业提供融资平台。一方面，需要政府参与旅游交流会等活动，为流域旅游开发获得更多的资金投入。另一方面，在单纯依靠政府投入和企业自有资金若难以满足旅游产业发展的需求时，政府需要进一步创新旅游投融资机制，推进与金融机构的合作，拓宽旅游融资渠道，广泛吸引海内外基金、社会资本和民间资金等资金投入参与旅游产业开发建设。

2. 企业

云南红河流域的经济发展状况并不乐观，需要大型旅游企业的雄厚资金来支持流域旅游开发。大型旅游企业与中小型企业的合作模式主要有两种形式：一种是参股型合作模式，通过与自己具有互补关系的中小企业注入资金或入股，使企业资金合作方式更加灵活，同时还能促进企业之间的业务交流和合作，从而达到自身利益最大化；另一种是企业型合作模式，和中小型企业一起共同注入资金而注册新的合资公司，以达到企业间零距离资金合作，从而实现流域旅游开发持续、健康、快速地发展。

3. 社区

对社区居民而言，云南红河流域旅游开发的主要目的是实现社区发展的包容性增长，而包容性增长则要求社会和经济协调发展、可持续发展，该增长是公平参与、合理分享的经济增长。而社区居民参与流域旅游开发资本合作的主要途径是权益性融资方式，这种方式可以促进当地群众实现共同富裕。

(三)微观合作模式——经营合作

1. 政府

(1)营销方面[88]。流域开发旅游的营销经营合作，其目的是鼓励各行政区内企业之间打破行政障碍从而形成相互沟通的营销合作。云南红河流域是一个综合性的旅游带，汇集了休闲度假旅游、生态旅游、自然风情旅游、民族风情旅游、科考旅游、商务旅游等多姿多彩的旅游形态，所以必须把这些旅游形态作为一个整体来进行营销，形成一个整体的流域旅游产品形象。政府必须突破行政区域障碍，集中各区域具有的特色旅游资源，从而实现资源的优化配置，突出流域旅游带的品牌形象。其最终目的是使游客能够在最少的时间内游览到更多的景区景点，从而节省游客的时间成本和经济成本，满足游客的游览心理，同时还能实现旅游区内各景点的互利共赢。具体措施如：由四个州市协商统一编制跨区域的旅游完全手册、旅游指南、导游图等宣传促销资料；共同制作云南红河流域的区域旅游网站等。

(2)信息共享方面。政府在各个区域之间建立良好的信息交流平台，是流域旅游获得持续发展的基础。建立的信息共享平台具体的操作步骤需要政府、企业、居民以及游客相互协调，这个平台是不断更新循环的，可以提高流域内各区间旅游信息交流的便利性。信息共享的具体实现步骤有：①资源综合评定专家组根据流域的旅游信息进行评估，其结果为数据库提供相关资料；②根据数据信息进行决策和执行；③居民和游客通过浏览数据库信息，为监督委员会和危机处理小组反馈相关问题，为政府进行下个阶段的决策提供依据。

2. 企业

(1)营销方面。企业在政府构建的平台基础上，积极参与各种展会及交流会等活动，来进行旅游产品的宣传促销，并打造良好的公众企业形象，从而吸引更多的游客来购买其旅游产品。企业的营销模式可以通过共生营销的形式来实现双赢以及多赢。云南红河流域中的旅游企业可以分享市场营销中的资源，从而达到降低营销成本、提高市场竞争力的目的，对目标客源市场进行流域整体的营销活动。

(2)产品方面。在旅游企业开发的产品中，最重要的就是线路规划。云南红河流域各区域线路需要旅游企业经过统一的规划，合理地整合流域中的资源，使得产品呈现出丰富多彩的特色。因此，流域中的企业有必要开展经营合作会议，来制定统一的线路规划，从而明确区域旅游产业的发展方向，突出各地的重点，避免旅游开发的重复建设。旅游产品还包括旅游纪念品等，这类产品设计必须突出当地特色，既能节约产品生产成本实现利益最大化，又能宣传当地民俗文化，提高游客对产品的满意度。

3. 社区

社区参与云南红河流域旅游开发的经营合作方式，可通过成立自治社区服务组织，在旅游企业开发经营过程中起到组织协调的作用。当企业利益与社区居民利益产生冲突时，通过自治社区服务组织的协调作用，达到经营合作的目的。同时，自治社区服务组织还应提高社区参与度，通过宣传流域旅游发展可以带动当地经济的方式，从而充分发挥社区居民的积极性。自治社区服务组织还可以定期开展流域旅游宣传教育活动，提高社区居民的旅游接待水平和旅游服务质量，提高流域旅游发展的软实力，从而促进流域旅游可持续发展。

(四)时空合作模式——空间合作

由于各地方政府有自己的行政区划，流域旅游空间合作在操作上比较困难。要在空间结构上消除行政区划障碍，就需要云南红河流域上各州市政府相互协调，为旅游企业跨区域合作提供政策保障，为实现经济效益、社会效益和环境效益三大效益而共同努力。

1. 政府

(1)旅游资源空间整合。由于在云南红河流域居住的民族众多，政府在云南红河流域旅游资源整合方面，需要注重民族文化的协调。云南红河流域有彝族、白族、傣族、哈尼族、瑶族、壮族、回族、满族、布朗族、苗族等少数民族世居于此，民族文化呈现多样性的特色。为避免云南红河流域中民族文化资源开发过多，造成旅游者视觉疲劳，政府应组织专家进行民族文化的考察，将空间分布凌乱的民族文化资源进行合理的整合，将民族文化元素合理有效地融入流域旅游开发中，从而达到既突出旅游小镇的民族特色，又可以使旅游者不会感觉到乏味和雷同。

(2)优化空间合作政策。政府根据云南红河流域呈现带状的空间结构特征，在旅游开发规划方面，需要研究制定优化云南红河流域空间合作的战略及政策，由云南红河流域四州市旅游局统一协商，明确云南红河流域旅游开发的主体思路和空间布局，避免出现旅游开发紊乱的局面，起到优化空间的作用。

2. 企业

旅游企业专业化分工既能避免在云南红河流域内出现恶性市场竞争，还能加强企业间的合作，实现多赢。旅游企业包括旅游咨询企业、旅行社、酒店、景区、旅游用品企业、旅游租车企业等。下面以旅游租车为例说明企业的空间合作方式。由于云南红河流域旅游资源呈现带状分布，游客的旅游线路是不走回头路的，且如今自驾游的形式越来越受欢迎，因此，旅游租车企业的空间合作就成为必要。游客在云南红河流域某地租车沿线游览，在某一节点要停止旅游活动，可以将车还到旅游租车企业的连锁店里，既给游客带来便利，还能进一步刺激游客对租车的需求。因此，旅游企业间的空间合作，对于云南红河流域区域旅游开发十分必要。

二、组织目标模式选择

(一)组织形式

云南红河流域旅游开发的组织管理需要四州市政府共同协调合作来实现。为避免信息在传达过程中失真，以及减少各部门在处理信息过程中的矛盾，流域旅游开发的组织形式必须呈现扁平状，即将管理层次减少，管理幅度增加。扁平化的组织形式，对云南红河流域旅游开发的组织结构优化作用主要表现在以下方面。

1. 优化组织内部管理

云南红河流域旅游开发的扁平化管理，有利于去除组织的官僚化习气，削减金字塔式集权管理结构的制约与束缚，使得管理人员的目标化细分和分权性决策职能得到加强。扁平化的组织管理形式，可以增强横向协作能力，团队间、组织间可以通过信息沟通、数据共享方式进行合作。这样的组织形式，使得各部门能明确自己的职责。当在旅游开发中产生企业间矛盾、社区与企业矛盾时，不至于各部门推托责任。因此，扁平化组织管理形式能提高团队或组织参与战略决策的积极性，优化组织内部的协调性。

2. 增强领导层决策力

云南红河流域旅游开发组织形式的扁平化，有助于领导层通过网络信息平台及时了解最新的真实信息。组织成员与领导层之间的交流沟通不受层级限制，可以自由反映情况，确保信息真实及时。社区居民、旅游企业与组织领导层的沟通可通过计算机和电子通讯平台联系，加深领导层对市场信息数据的了解，也进一步拉近领导与组织成员、社区居民、旅游企业在旅游开发认识方面的信息传递距离，促进领导者更清晰、更全面、更及时地了解社区居民和旅游企业对云南红河流域旅游开发的真实想法和需要，从而及时正确地制定旅游决策和切实可行的旅游开发方案。

3. 提高组织管理效率

云南红河流域旅游开发的组织管理采用扁平化形式，以减少管理层次，增加管理幅度，提高沟通的准确性、信息的共享性，减少信息传递过程的失真与延缓问题，有利于政府提高办事效率。流域旅游开发中总是会遇到区域间资源雷同、产品开发方向相似等问题，需要组织进行有效的管理，扁平化的组织形式能及时解决在开发初期出现的问题，使企业的损失降到较低程度。扁平化的组织形式，能加强内部管理者的相互协调合作，构建一个开放性的、运转灵活的、反应迅速的责任利益共同体，从而提高组织管理效率。

（二）管理体制

管理体制是云南红河流域管理组织就各利益主体在流域旅游开发中的相互关系、利益矛盾及运行方式而制定的一系列富有约束力的规则和程序性的安排，其目的在于整合流域的旅游资源，协同解决旅游开发过程中的问题，规范旅游开发的运行，维护各个主体的利益。对流域旅游的管理涉及各个地段之间的政府和利益相关者，但是现行旅游管理体制因受政府部门各种利益主体的制约，很难发挥对旅游资源开发利用的宏观管理、总体规划和指导作用。云南红河流域旅游开发的管理体制主要体现在以下三个方面。

1. 政府宏观管理

由于旅游业与其他行业的关联度较高，所以旅游局在整合旅游资源的过程中会遇到许多冲突和困难。因此，政府要想发挥其宏观调控职能，就要做好旅游业与其他行业的协调工作，并充分发挥旅游业的带动作用。在云南红河流域旅游开发中，政府需要制定流域发展的战略与策略、构建和完善旅游政策并强化流域合作机制。

2. 四州市旅游局协调工作

（1）对企业监督管理。云南红河流域四州市旅游局在对各行政区内的旅游企业起着日常监督管理的作用。因此，其旅游局要通过构建共同的信息系统，为游客提供交流和投诉平台，实现对旅游企业的监督管理公开化。

（2）流域整体规划。旅游局的主要职责是编制本地区的旅游产业总体发展规划以及旅游各专项规划，这对本地区在未来一段时期的旅游发展方向具有指导性作用。把云南红河流域作为一个整体进行旅游开发，要站在全局的高度，统一规划，统一布局，统一宣传，把各州市的资源景点统一起来，做到开发有序，保护到位，防止一哄而上，盲目跟风，重复建设，恶性竞争。这就需要云南红河流域四州市旅游局在进行未来旅游规划时要进行共同协商和交流，明确各自发展方向，避免各段流域旅游开发的主体思想重复或雷同。

3. 指导作用

云南红河流域旅游经济的协调发展需要不同地区与不同部门之间的交流合作，需要干支流、上中下游的协调和各利益相关者的共同参与。完成区域旅游发展规划和完善统筹开发、整体推动的机制，要充分发挥旅游业对区域经济相关行业的综合带动作用。完善的流域旅游整体规划及统筹开发，对各州市红河段的旅游发展均具有明确的指导作用。

（三）管理结构

云南红河流域旅游开发主要涉及三个利益主体，除了由政府统一管理外，企业可组织商会、交流会等形式进行内部自主领导，社区也可通过健全的社区委员会形式进行自治。因此，流域旅游开发的管理结构由三部分组成，即政府主导、企业协调和社区自治。

1. 政府主导

1）政府为企业搭建平台

在流域旅游开发管理的建设中，企业关注和致力的领域是景区、产品和企业经营，他们经营的基础是建立在政府为其搭建的平台上的。一般由政府搭建的平台包括宣传促销平台、投融资平台和建设经营平台。

（1）宣传促销平台。政府通过旅游交流会的形式为企业搭建宣传促销平台，在交流会上既吸引旅游者也吸引投资者的"眼球"。

（2）投融资平台。政府通过一系列的投融资政策和招商引资政策搭建流域旅游的投融资平台，吸引投资者对流域进行旅游相关的开发建设。

（3）建设经营平台。在确定流域成为旅游目的地前，政府需要做的前期工作是为企业构建经营平台。例如，在景区和景点建设方面，与高校合作进行旅游资源的普查、旅游景区景点规划；在人才培养方面，创办旅游培训学校形成旅游人力资本储备等。

2）政府投资建设基础设施

基础设施是公共领域建设，既有赢利性的也有非赢利性的。对于非赢利性的基础设施建设，投资建设的主体是政府；对于赢利性的基础设施建设可以由企业或政府与企业共同投资。政府主导的基础设施建设包括如文化体育、医疗保健以及"水、陆、空"立体交通网络等。

2. 企业协调

（1）旅游协会。旅游协会是由旅游行业的各领域企业、旅游学者、旅游业界的成功商人等组成，共同为云南红河流域旅游业的发展出谋划策。流域合作过程中会遇到地方利益冲突、相关主体利益冲突的局面，除了政府出面协调外，还可通过旅游协会的非官方组织进行劝解。

（2）旅游论坛。流域之间关于旅游方面的交流，可以通过企业支助学术界举办论坛等形式进行。旅游论坛是非政治化的官方与非官方的交流沟通渠道，其主要目的是吸纳学界和旅游业界的专业人士参与到流域旅游圈的开发和管理研究中。

(3)旅游投资商会。商会是实现政府与商人、商人与商人、商人与社会之间相互联系的重要纽带。旅游投资商会的主要职能是汇集旅游企业对旅游行业、市场、政策等方面的意见和建议，向各有关政府部门提出建言，维护旅游企业的利益。

3. 社区自治

(1)社区委员会。社区委员会的主要职责是向政府反映关于社区居民对旅游开发的建议和意见，是政府和居民进行沟通的桥梁，在社区中扮演着重要的角色。

(2)社区服务中心。社区服务中心是自治性的社区服务中心，职责是受政府指导或委托，具体实施社区的各项服务工作。

(3)社区志愿者组织。社区志愿者组织是由社会各界志愿者组成的服务团体。居住在一个社区里的居民从事各式各样的职业，他们发挥自己的所长，如知识、技能和财富等，构成了社区志愿者组织，为社区居民的利益争取和维护提供无偿服务。

(四)区域协调机制

1. 协商解决机制

云南红河流域旅游开发在协商解决利益矛盾时缺乏规范性文件作为依据，缺乏切实可行的关于利益分享、利益保障和利益补偿等方面的措施。因此，在流域旅游开发过程中必须设立一个具体的专职部门来进行管理，使流域中相关事务的处理工作变得日常化和规范化，从而使旅游开发有序进行。

2. 行政推动机制

(1)旅游跨区合作。旅游跨区合作的行政推动机制主要是为利益相关者营造一个公平的政策环境。如通过政策信息的共享，各州市在制定政策时要避开与流域旅游合作不利的内容，提高政策和相关措施的透明度。行政的推动作用，能克服地域之间不同制度的障碍，使其相互开放市场，为旅游企业的跨区域投资提供自由开放的环境，并有助于旅游企业发展异地连锁机构，既可以为游客提供旅游便利，又能提高企业的收益。

（2）各地利益共享。行政推动机制的主要任务是打破行政区划的阻碍，为区域各地创造利益共享。利益共享的内容有：①经济信息的共享，云南红河流域上不同地区政府、企业之间在经济信息上的互动，能减缓各区域经济发展不协调的问题，从而达到共同发展的目的；②资源共享，旅游资源的共享及旅游企业相关资源的共享，能优化资源配置，提高资源的利用率，从而提高相关主体的共同利益；③基础设施建设的共享，主要包括旅游教育、交通、网络通信等设施，避免重复建设和社会资源的闲置和浪费。

3. 健全三大主体协管机制

（1）政府。政府在推进流域旅游合作过程中发挥着主要的行政作用，但政府在监督管理过程中，要为企业自我协调及社区的自治提供一定的空间。在旅游开发过程中，政府要为企业提供自由的投资环境。政府的主要职责是引导企业的投资方向，而不能束缚企业自主地进行各项经济活动。政府还应给社区一定的权限，从而充分调动当地群众参与旅游开发工作的积极性，使流域旅游的发展充满活力和弹性。

（2）企业。在市场经济条件下，企业是流域旅游开发合作的主体，包括投资主体、运营主体、利益主体和风险主体等。云南红河流域中的企业要认识到互利共赢合作带来的经济利益，通过激励旅游企业进行跨区域的分工合作，实现资源、理念、资金、技术、人才、管理等方面的优势互补，从而增强云南红河流域旅游企业的竞争力。

（3）社区。社区居民在旅游开发中处于弱势的地位，要想协调好与政府、企业的关系，并充分维护自身的利益，需要社区充分发挥社区委员会、社区服务中心组织、社区志愿者组织等的功能，真实地向政府反映对旅游开发的建议和意见，向企业表达利益共享的愿望等，从而更好地实现社区利益最大化，并充分调动社区居民参与开发过程的积极性。

（五）目标模式

基于前面阐述的组织形式、管理体制、管理结构和区域协调机制，已初步形成一个关于云南红河流域旅游开发的组织管理目标模式，如图5-5所示。

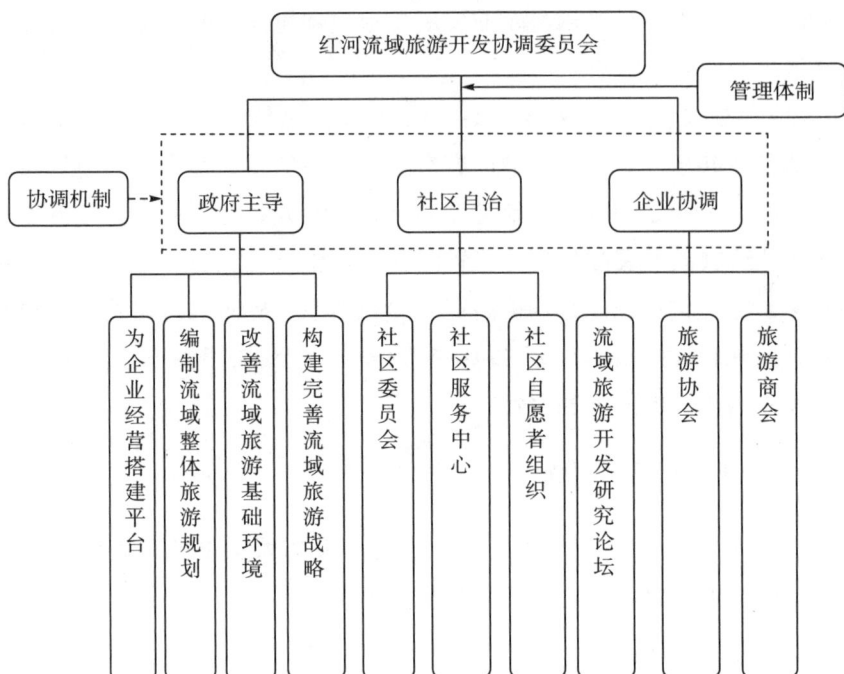

图 5-5　云南红河流域旅游开发组织管理的目标模式图

第四节　云南红河流域旅游开发组织管理的保障措施

一、在区域旅游经济合作过程中实施差别化管理策略

在云南红河流域各区域间旅游经济合作过程中，解决跨行政管理的问题重在协调，在具体实施过程中应注重运用差别化管理策略，即要根据各州市旅游资源的特点和分类，结合自身的资源特点，在充分研究地区旅游开发内容的基础上，有重点地开发有自身优势和特色的旅游资源。要求各地区把政府主导型、民间开发型、吸引外资开发型等不同类型开发形式结合起来，在综合考察分析的基础上选择相应的旅游资源开发形式，避免各地区在旅游资源开发政策上相互攀比投资政策的优惠度，减少区域间的恶性竞争，提高整体经济效益。

另外，还要求各区域结合不同旅游资源和开发类型，在多种可供选择的开发模式的基础上，加强对流域旅游开发结构实施差别化的协调和指导工作，可以考虑从均衡协调与非均衡协调相结合、政策协调与经济利益协调相结合、政府部门协调与民间组织协调相结合、外部动力协调与区域内部自主协调相结合等多种不同协调方式中进行科学地选择，使之能遵循旅游经济的发展规律，推动整个流域地区旅游资源开发和旅游经济的发展走上整体发展的道路。

二、建立战略联盟，组建区域旅游管理公司和区域旅游集团

通过资本重组的方式，发挥一些地方的投资和管理优势，促进相对落后地区的旅游企业发展和升级，并逐步向资本经营过渡。实现旅游要素一体化经营和旅游价值链重构，形成开发、销售、服务一体化，包括吃、住、行、游、娱、购等相关产业的联合，同时实现旅游上游供应商（资源、原料、设施设备等）价值链、旅游企业价值链、销售渠道（旅游经销商、零售商）价值链和旅游者价值链的重构，并形成完整的区域旅游产业体系，真正实现流域旅游圈一体化互惠共生。

三、尽快制定体现上、下游权利和义务的基本原则

以往的流域联合开发，一般都是由下游区域提出要求，再与上游区域协商实施。但上游地区往往因利益分享问题难以实现，且处于径流的主导控制地位，特别是在行政地位相当的情况下，很难主动承担对下游的义务和责任。因此，下游地区应当采取积极的态度，在要求上游地区实施利于下游地区的一些工程义务、承担赔偿损失的责任的同时，主动要求上级行政单位或开发组织，尽快制定体现上、下游权利和义务的基本原则、承认收益共享的原则，从而达成全流域合作的协定，以促成所有流域地区参与其中。

四、加强交流与对话，建立信息平台

由于区域性河流存在比较明显的多目标协调关系，各流域地区整体开发和管理更需要共同的、正确的认识基础。但是，由于存在普遍的信息障碍问题，故而整体开发和管理的首要任务就是建立信息平台，便于各流域地区之间的信息与观点的交流。这方面可以是正式的政府间会谈，也可以是非正式的论坛、学术交流和网络信息等。

由于目前云南红河流域的开发中面临着以下几个主要问题：①水质监测与保护；②跨境生物多样性保护；③流域土地合理利用与水土保持；④上下游规划方

案的协调问题；⑤产业结构调整与区域经济合作等。尤其是在水污染控制、灾害预测、生物多样性保护方面的问题和矛盾比较突出。由于历史上各方的相对封闭，行政上的界线带来了流域开发和管理上的人为分割，以及各流域地区之间的观点分歧，造成了上、下游流域地区之间缺乏信息沟通，双方的方案必然存在观点的差异与分歧，因此就有必要协调规划方案。例如，下游有哪些径流控制需要上游配合；上游在实施规划项目中，对下游会带来哪些利弊影响；下游的一些资源与环境问题，有哪些是上游活动引起的，有哪些是下游地区本身活动引起的。总之，当务之急是通过交流与对话，以及联合研究、建立信息平台，达成对有关问题的共识。

五、明确各地区的关注点与需求，促成合作的广泛开展与尽早实施

　　各流域地区的目标与需求矛盾是一个动态的渐进过程，不可能在一定时间内完全得到改善和协调。目标与需求之间存在共同的和冲突的两面性，虽然各流域地区由于所处的地理环境和经济发展需求不同而存在目标的差异，但是，各流域地区之间的目标有共同点：①总体上对于区域可持续发展的愿望；②不同目标之间通常可以通过同一方向或手段同时满足需求。例如，上、下游都有对水量控制的要求，一般上游的利用是非消耗性利用（如发电），下游是消耗性利用（如灌溉），因此，存在可调和性。目标的协调包括两大方面，即区域旅游部门之间，以及区域非旅游行业部门之间。对于区域旅游部门之间的目标冲突，需要确定优先权；对于区域非旅游行业部门目标的冲突，则以协调为主。通过寻求共同的需求目标及其有关项目的确定与实施，促成整体行动早日开展，对于分歧和冲突部分则采取联合研究、谈判等方式逐渐解决。

六、强化云南红河流域旅游各要素的整合

（一）加强整体区域旅游形象整合

　　区域整体旅游形象是对外营销、打造世界级旅游产品的基础。云南红河流域旅游发展应打破行政区划界限，塑造统一的区域整体旅游形象，形成系列旅游产品体系。可根据云南红河流域旅游资源及其特色，将其整体旅游形象定位为"多

彩红河、休闲胜地"。此形象定位在一定程度上既涵盖了云南红河流域自然资源的特点，又体现了丰厚的人文魅力和多民族特色。整合云南红河流域旅游形象，突出主题，形成鲜明的特色，将有利于在国内外营销和推广，促使云南红河流域旅游市场开发趋于科学化、规范化。

（二）加强旅游文化整合

云南红河流域文化旅游资源丰富，尤其是民族旅游文化璀璨生辉，对其整合开发能有效增强云南红河流域旅游的竞争力，成为市场开拓新的支点和拉动云南红河流域经济的新增长极。云南红河流域经过数千年积淀，文化旅游资源众多。对文化旅游资源的整合，有利于突出云南红河流域地区的旅游特色和优势，促进云南红河流域旅游的可持续发展。在整合开发中，应充分利用云南红河流域文化形态上的丰富性、体制改革上的互补性、制度创新上的多样性，形成文化旅游发展的巨大活力，打造云南红河流域文化旅游的特色品牌。同时，需要在政策环境、产业服务等环节创造有利于云南红河流域文化旅游资源整合的环境，形成区域性多元互动的合力，拓展云南红河流域区域文化旅游资源整合的广度和深度。

（三）加强旅游产品整合

区域旅游产品整合要突破行政区划对旅游线路的限制，以资源整合为基础，以旅游者决策规律为导向，重新调整或策划旅游线路。云南红河流域地区要共同地、积极地、重点地培育三大旅游品牌，即民族节庆品牌、生态观光旅游品牌和民族文化经典旅游品牌，形成体验性强、适应面广、多元互补、特色各异的产品体系，实现旅游产品结构由单一观光向多元复合转变。在整合过程中，还可进行跨行业合作，开发新的旅游产品，如会展旅游、体育旅游、工业旅游、购物旅游和农业生态旅游等都是旅游跨行业合作的新业态。

（四）加强旅游人力资源、技术一体化整合

1. 加强人力资源开发与利用合作

区域旅游业发展的速度和水平关键在于拥有旅游从业服务人员和旅游专业技术人才的数量和质量。旅游人才的跨地区流动与交流、旅游服务人员的跨区域互换与交流已成为近年来世界旅游业发展的一种潮流。通过区域之间教育资源的互补与共享，培养与造就各种旅游专业人才和大批旅游服务人员，是近年来旅游业

区域合作的重要内容，越来越受到普遍关注。

2. 加强技术合作

旅游开发规划技术、旅游企业经营管理经验、旅游工程设施建设技术等方面的区域交流与合作也是旅游业跨区域联合发展的内容之一，特别是在旅游企业经营管理、旅游工程（如旅游信息系统工程）技术方面已成为当前区域旅游合作的重要内容。

七、充分发挥流域开发中各利益相关者的作用

（一）充分发挥政府部门的主导作用

云南红河流域地区各级政府是区域旅游合作的宏观指导者，在旅游合作中，需要做好三个方面的工作。首先，需树立大区域旅游的观念，确立共同利益基础上的"共赢思维"，以强化彼此间的合作纽带。其次，建立政府利益导向和利益补偿机制，强化政府机构的服务职能，制定相应的区域合作政策，搭建区域合作交流平台，提供合作指导，创造合作机会，从而形成体现机会均等、公平竞争、利益兼顾和适当补偿原则的区域利益协调合作机制，避免旅游市场的盲目竞争和过度竞争。最后，成立日常协调委员会，以加强各地旅游机构的合作，研究制定有关旅游业合作发展的战略及相关政策；定期或不定期地就合作的进展及遇到的问题进行单边或多边协调磋商，以保障合作的顺利进行，协调的内容可包括旅游公共政策、旅游促销、旅游线路组合、经营管理、与旅游活动相关的企业协调，以及与有关产业部门和各级地方政府的关系协调等。

（二）充分发挥旅游企业的主体作用

企业是区域旅游合作的主要实施者，可通过企业间的合作实现区域旅游资源和产品的整合。利益是企业合作的基础，企业间合作应抓住利益分配这一关键因素，制定公平、合理的利益分配机制以保证合作的顺利进行。同时，促进旅游企业集团化进程，突破区域的局限，使市场、资本、资源等，全方位整合。云南红河流域可依托原有的基础，组建跨州市的区域性旅游企业，实现价值连锁型的云南红河流域旅游企业合作模式。

（三）充分发挥社会中介组织的协调作用

旅游行业协会等相关社会中介组织，在资源整合、产品打造等区域合作方面要发挥协调作用，在行业自律、监督机制方面对政府行为发挥有益的补充作用，在沟通信息、协调各方利益、规范行业行为等方面发挥平台作用。因此，应充分重视旅游行业协会对区域旅游一体化的推动作用。首先，完善公共信息平台，旅游行业协会可组织云南红河流域区域内景区（点）参加国际及国内大型旅游推介会，进行合作宣传，有重点地吸引八方游客；同时，加强与各地旅游企业、旅游咨询机构、旅游高校等的信息交流与合作，及时更新旅游信息，以提高旅游者获得信息的准确度，提升云南红河流域区域旅游的口碑，使云南红河流域区域旅游品牌深入人心。其次，制定统一的旅游标准化体系，尽可能吸纳国际标准中的先进内容，高起点、高标准地研究制定相关专业标准，加快标准编制进度以扩大标准推广的覆盖面，既要考虑目前云南红河流域旅游业发展的实际情况，又要充分预见未来的发展水平。

第六章 流域旅游开发组织管理
——长江流域案例

第一节 长江流域的现状分析与评价

一、流域范围

长江是世界第三大河,中国第一大河,与黄河、淮河、海河、珠江、松花江、辽河通称为中国七大河。长江发源于青藏高原的唐古拉山脉各拉丹冬峰西南侧,干流流经青海、西藏、四川、云南、重庆、湖北、湖南、江西、安徽、江苏、上海 11 个省(自治区、直辖市),在上海市崇明岛注入东海。支流延伸至贵州、甘肃、陕西、河南、广西、广东、浙江、福建 8 个省、自治区。长江流域面积 180 万 km^2,干流长 6397km,仅次于尼罗河和亚马孙河,居世界第三位。本文研究的对象是干流流经的青海、西藏、四川、云南、重庆、湖北、湖南、江西、安徽、江苏、上海 11 个省(自治区、直辖市)。

(一)长江上游

长江上游河段西起青藏高原各拉丹东峰,东至湖北宜昌,全长 4511km。该段干支流流域覆盖面积宽广,包含青藏高原,东至湖北宜昌,北到陕西南部,南至云南以及贵州北部的广大地区,涉及重庆、西藏、四川、青海、云南、贵州、陕西、湖北等多个省(自治区、直辖市)。其主要指沿长江干支流及其两侧区域分布的四川攀枝花、云南昭通、四川宜宾、四川泸州、重庆江津、重庆合川、重庆永川、重庆主城、重庆长寿、重庆涪陵、重庆丰都、重庆忠县、重庆万州、重庆云阳、重庆奉节、重庆巫山等沿江城市;沿成渝(渝蓉)铁路、渝遂铁路、渝怀铁路等交通干线分布的重庆、成都、乐山、绵阳、德阳、遂宁、南充、内江等城市;沿渝黔铁路和高速公路分布的重庆、遵义、贵阳等城市;以及由成昆线、内昆线、贵昆线连接的昆明等城市。其经济腹地主要包括重庆、四川、贵州、云南四省市。

(二)长江中游

从宜昌到江西省湖口为长江中游段，长 955km，流域面积 68 万 km²。长江中游进入广大平原后，河道变缓，与众多湖泊相连。这里有著名的长江中游城市群，即"中三角"，是以武汉、长沙、南昌为中心城市，以浙赣线、长江中游交通走廊为主轴，依托沿江、沪昆和京广、京九、二广等重点轴线，呼应长江三角洲和珠江三角洲，是国家规划重点地区和全国区域发展新的增长极。"中三角"包括湖北武汉城市圈(武汉、黄石、黄冈、鄂州、孝感、咸宁、仙桃、天门、潜江)；襄荆宜城市带(襄阳、宜昌、荆州、荆门)；湖南环长株潭城市群(长沙、岳阳、常德、益阳、株洲、湘潭、衡阳、娄底)和江西环鄱阳湖城市群(南昌、九江、景德镇、鹰潭、上饶、新余、抚州、宜春、萍乡市、吉安市的新干县)。

(三)长江下游

湖口到入海后为长江下游段、长 938km、流域面积 12 万 km²，该段江面宽、江水深，比较平缓。主要支流有青衣江、水阳江水系、太湖水系和巢湖水系。沿江有安庆、铜陵、芜湖、马鞍山、南京、镇江、南通、上海等重要城市[89]。

二、长江流域的社会经济发展现状及评价

(一)人口

长江流域约有 4 亿人，占全国总人口的 1/3，其中农业人口约 3.2 亿人。在流域总人口中，约 94％为汉族；还有 50 多个少数民族，2000 余万人。其中超过 100 万人的有土家、苗、彝、侗、藏、回等 6 个民族，各少数民族主要居住在云贵高原、青藏高原、川西、湘西和鄂西一带。长江流域人口稠密，平均人口密度超过 220 人/km²，特别是长江三角洲、成都平原和中下游平原区，人口密度达 600～900 人/km²，上海达 4600 人/km²以上，是中国人口最稠密的地区。

长江流域共有 14 个民族自治州，32 个民族自治县，主要分布在长江上游，中游较少，下游没有。长江流域少数民族中，人口在 10 万人以上的民族依次为：土家族、苗族、彝族、侗族、藏族、回族、布依族、白族、瑶族、仡佬族、纳西族、傈僳族、羌族 13 个民族，人口在 10 万人以下的民族依次为：蒙古族、鲁

族、满族、壮族、傣族、水族、普米族，其中普米族刚过 1 万人。

(二)经济

当今旅游市场中，制约旅游业发展的两大主要因素是人们可自由支配的收入和时间。而这两个因素与地区经济发展水平密切相关。随着地区经济发展水平提高，人均可自由支配的收入将会提高，与此同时人们所享受的带薪假期将会增加。这将为长江流域旅游产业的发展提供条件，最终促进长江流域旅游产业的快速发展。此外，长江流域多个省份都是国内经济发展水平较高的地区，旅游基础设施相对比较完善，地区的可进入性较强，旅游服务意识和质量也相对超前，这些都为旅游业发展提供了基础和保障。

总体上看，长江流域各省(市)经济发展水平呈现出东、中、西的格局(见表 6-1)。特别是东部上海、江苏两省经济发展水平处在国内前列，同时领先于中西部的另外 9 个省(自治区)。这样的经济发展环境有利于两省(市)充分发挥市场对资源配置的基础作用，提高资源使用效率，创造公平竞争的市场环境，实现旅游效益最大化，促进整个流域旅游业平稳快速发展。从人均数据来看，长江流域各地区均出现增长态势，这对全流域的旅游发展十分有利，特别是上海、江苏两地，人均 GDP 已经远远超越国内的平均水平(见表 6-2)，两省(市)完全可以充当长江流域旅游业的重要客源市场。总之，长江流域各地目前的经济发展水平将会为旅游业的发展提供良好的条件。

表 6-1　2010～2014 年长江流域各地区的 GDP

地区	地区生产总值/亿元				
	2010	2011	2012	2013	2014
上海	17165.98	19195.69	20181.72	21818.15	23560.94
江苏	41425.48	49110.27	54058.22	59753.37	65088.32
安徽	12359.33	15300.65	17212.05	19229.34	20848.75
江西	9451.26	11702.82	12948.88	14410.19	15708.59
湖北	15967.61	19632.26	22250.45	24791.83	27367.04
湖南	16037.96	19669.56	22154.23	24621.67	27048.46
重庆	7925.58	10011.37	11409.6	12783.26	14265.4
四川	17185.48	21026.68	23872.8	26392.07	28536.66
云南	7224.18	8893.12	10309.47	11832.31	12814.59
西藏	507.46	605.83	701.03	815.67	920.83
青海	1350.43	1670.44	1893.54	2122.06	2301.12

注：数据来自国家统计局数据中心。

表 6-2　2010～2014 年长江流域各地区人均 GDP

地区	地区人均生产总值/元				
	2010	2011	2012	2013	2014
上海	76074	82560	85373	90993	97343
江苏	52840	62290	68347	75354	81874
安徽	20888	25659	28792	32001	34427
江西	21253	26150	28800	31930	34661
湖北	27906	34197	38572	42826	47124
湖南	24719	29880	33480	36943	40287
重庆	27596	34500	38914	43223	47859
四川	21182	26133	29608	32617	35128
云南	15752	19265	22195	25322	27264
西藏	17027	20077	22936	26326	29252
青海	24115	29522	33181	36875	39633

注：数据来自国家统计局数据中心。

（三）旅游业

1. 旅游业迅猛发展

随着旅游业在我国国民经济中的地位不断提升，旅游市场竞争日趋激烈。长江流域各省（直辖市、自治区）为了在激烈的竞争中脱颖而出，开始十分重视旅游业的发展，不断改善旅游业发展的宏观环境。各省（直辖市、自治区）也都根据本地区旅游业发展的实际情况，进一步完善以政策为核心的制度因素，以促进旅游业良性健康发展。长江流域内各省（直辖市、自治区）旅游业发展迅猛要得益于长江流域得天独厚的地缘优势和众多自然和人文旅游资源，以及极高的旅游资源丰度。此外，经过改革开放后多年的开发建设，长江流域已成为众多产业的发达区之一，具有良好的经济基础。区域内的资源和经济条件为旅游业发展奠定了坚实基础。近年来，长江流域 11 个省份（直辖市、自治区）的旅游业不但总量有了很大提高，而且保持了较高的增长率，发展势头良好，如表 6-3 所示。

表 6-3　2014 年长江流域各地区旅游总收入及游客总量

省区市	旅游总收入/亿元	同比增长	接待游客总数/亿人次	同比增长
上海	3305	0.20%	2.78	3.50%
江苏	8145.5	13.20%	5.74	10.80%
安徽	3430	14%	3.83	12%
江西	2650	39.00%	3	25.00%
湖北	3752	17%	4.7	15%
湖南	3046.19	13.58%	4	14.39%
重庆	2003.3	13.10%	3.49	13.20%
四川	4891	26.10%	5.37	11%
云南	2665	26.30%	2.86	16.70%
西藏	204	23.00%	0.1553	20.00%
青海	200	26.15%	0.2	12.70%

注：数据由网络整资料整理得。

2. 流域内各省间旅游业发展不平衡

纵向对比而言，长江流域各省(直辖市、自治区)旅游业都取得了骄人的业绩和迅猛发展。但从横向来看，在整个流域范围内，由于各省(直辖市，自治区)旅游业发展的经济基础和旅游资源丰度存在差异，因而流域内各省(直辖市、自治区)旅游业发展呈现出明显的梯度差异。从旅游总收入来看，江苏、四川明显多于其他省(直辖市、自治区)，而西藏、青海则远远落在后面。同样游客总人数也呈现出这一规律(见表 6-3)。

3. 入境游发展滞后

长江流域各省(直辖市、自治区)近年来入境旅游发展情况并不乐观，旅游外汇收入和国际游客人数增长缓慢，有些地区还有下降的趋势，无法契合持续增长的旅游总收入和游客总人数(详见表 6-4 和表 6-5)。

表 6-4　2009~2013 年长江流域各省份旅游外汇收入　单位：(百万美元)

地区	2009 年	2010 年	2011 年	2012 年	2013 年
上海	4744.02	6340.92	5751.18	5493.23	5244.7
江苏	4016.01	4783.43	5652.97	6299.72	2379.89
安徽	565.84	708.98	1179.18	1562.67	1660.42

续表

地区	2009 年	2010 年	2011 年	2012 年	2013 年
江西	289.75	346.03	415	484.73	525.08
湖北	510.2	751.16	940.18	1202.97	1218.92
湖南	672.7	906.22	1014.34	928.36	822.69
重庆	537.21	703.2	968.06	1168.32	1268.31
四川	288.56	354.09	593.83	798.15	764.76
云南	1172.21	1323.65	1608.61	1947.08	2418.18
西藏	78.73	103.59	129.63	105.7	127.86
青海	15.42	20.45	26.59	24.32	19.42

注：数据来自国家统计局数据中心。

表 6-5　2009～2013 年长江流域各省份接待国际游客　单位：（百万人次）

地区	2009 年	2010 年	2011 年	2012 年	2013 年
上海	5.33	7.34	6.69	6.51	6.14
江苏	5.57	6.54	7.37	7.92	2.88
安徽	1.56	1.98	2.63	3.31	2.72
江西	0.96	1.14	1.36	1.56	1.24
湖北	1.33	1.82	2.14	2.65	2.68
湖南	1.31	1.9	2.28	2.25	2.31
重庆	1.05	1.37	1.86	2.24	1.15
四川	0.85	1.05	1.64	2.27	2.1
云南	2.84	3.29	3.95	4.58	2.88
西藏	0.17	0.23	0.27	0.19	0.22
青海	0.04	0.05	0.05	0.05	0.05

注：数据来自国家统计局数据中心。

三、长江流域开发水平分析与评价

（一）长江流域旅游资源现状

1. 旅游资源十分丰富

长江流域的旅游资源十分丰富，现已形成的旅游区可划分为"一线七区"，即长江干流旅游线、长江三角洲旅游区、皖南名山风景区、赣北赣西旅游区、鄂西北陕南旅游区、湘西湘北旅游区、重庆四川旅游区、滇北黔北旅游区。

(1)长江干流旅游线。现仅指重庆至上海一段，全长近2500 km，沿途不少城镇都分布有许多风景点。如重庆的缙云山、南北温泉、丰都"鬼城"，忠县的石宝寨，云阳的张飞庙，湖北宜昌的葛洲坝水利枢纽、当阳玉泉寺、荆州古城、赤壁，武汉的黄鹤楼，湖南岳阳的岳阳楼，江西彭泽的小孤山，鄱阳湖口的石钟山，江苏镇江的"三山"，南通的狼山等。重庆、武汉、南京和上海等城市都是具有多项旅游资源的风景区，长江三峡更是长江干流旅游线中山水风光最佳的旅游区。长江三峡由瞿塘峡、巫峡和西陵峡组成。瞿塘峡雄壮险峻，有白帝城、夔门、孟良梯、悬棺和古栈道等景点；巫峡幽深秀丽，著名的巫山十二峰屏列于大江南北岸，神女峰是其中的姣姣者；西陵峡滩多水急，峡内有兵书宝剑峡、牛肝马肺峡、灯影峡、黄猫峡等峡谷，以及姊归屈原故里、黄陵庙、三游洞等旅游景点。西陵峡口南津关处还有宏伟壮观的葛洲坝水利枢纽。游览三峡时还可到大宁河"小三峡"去观赏风光。

(2)长江三角洲旅游区。该区包括杭州西湖、太湖风景名胜区、上海、南京等大城市及镇江、扬州、无锡、苏州、常州、嘉兴、宜兴等中小城市。这一旅游区是以湖光水色、城市风光、古典园林、吴越文化遗迹为特色。

(3)皖南名山风景区。该区是以黄山、九华山山地景观为主，兼得园林、庙宇之趣的游览区。黄山以悬崖峭壁、奇姿怪松、云海雾罩等自然风光闻名。九华山是我国四大佛教名山之一。此外还有贵池城东南的舟山和马鞍山采石矶等名胜古迹。

(4)赣北赣西旅游区。该区包括鄱阳湖、庐山、井冈山、三清山等名山和南昌、景德镇、九江等名城。庐山是我国诸多名山中开发较早的旅游避暑胜地。井冈山是中国著名的革命根据地。三清山是长江中下游地区的主要道教胜地。南昌、九江、景德镇等城市都有不同时代的人文景观。

(5)鄂西北陕南旅游区。该区主要分布在汉江流域。一部分在湖北境内，一部分在陕南汉中地区。湖北境内有京山屈家岭文化遗址、随州曾侯乙墓遗址、钟祥的明显陵、襄樊的襄阳古城和古隆中，还有道教圣地武当山和神农架原始森林等。汉中地区有不少汉代和三国遗迹，如城固的张骞墓，汉中的占汉台、拜将台，勉县的武侯墓、武侯词，留坝的张良庙等。另外，旅游区中的古堰渠道和当代的丹江口水利枢纽也展示了另一番风光。

(6)湘西湘北旅游区。湘西旅游区主要有武陵三胜境——张家界、索溪峪、天子山。湘西是少数民族较为集中的地区，众多的民俗风情构成了这一地区一大旅游景观。湘北除了岳阳楼和洞庭湖上的君山外，长沙的岳麓山、橘子洲头是毛泽东等人早期活动的纪念地。湘中、湘南山脉较多，其中衡山较为著名。

（7）重庆四川旅游区。川中以成都为中心，北有都江堰、青城山，以及新都的宝光寺，南有峨眉山、乐山大佛、岷江小三峡。川南有宜宾的翠屏山，泸州城的忠山，自贡是中国著名的盐都和恐龙之乡，珙县众多的悬棺是一大奇观，兴文以"石林洞乡"而闻名。川东以重庆为中心，周围则以大足石刻最为著名。川北有广元的千佛崖，川陕的古栈道，剑阁的剑门关，江油的李白故里。嘉陵江上游岷山山脉中的九寨沟自然风景区，保持着原始、自然、古朴的本色。川西地区有中国卫星城西昌，还有中国第一座冰川公园贡嘎山。另外，西昌的民俗风情也可供游客观赏。

（8）滇北黔北旅游区。该旅游区上包括金沙江两岸及昆明、贵阳、遵义等城市。金沙江两岸的深山峡谷有"动植物王国"的美誉，是科学考察的重要地区。纳西族名城丽江、泸沽湖畔"女儿国"，展示了特有的民族风情。滇池边的昆明四季如春，名胜古迹很多。贵阳的地下公园、花溪，贵州的多溶洞，还有中国革命纪念地遵义是闻名的风景名胜地。云贵两省聚居着较多的少数民族，浓郁的民俗风情也为游人增添更多的乐趣。

2. 区内资源组合集中

国内外经验表明，旅游资源的群体开发有利于吸引游客，并可延长游客的逗留时间。长江流域的旅游资源具有点多、线长、面广、分布集中的特点，可构成旅游的"热线"和"热点。同一地区分布有若干类型旅游资源，相互补充、交相辉映。以方圆 $6km^2$ 的西湖为中心，分布着主要风景名胜 40 多处，重点文物古迹 30 多处；太湖风景区位于江苏的苏州、无锡两市，以及吴县、宜兴、无锡三县境内，山外有山，湖中有湖，山水结合，层次丰富，自成一幅山青水秀的天然画卷，沿湖分布有无锡山水、苏州园林、古吴遗迹、宜兴溶洞等独具特色的景观。

3. 旅游知名度极高

长江流域自古以来就是我国政治、经济、军事和文化的重要地区，拥有多个国家重点风景名胜区。长江流域约 $180×104\ km^2$，占国土总面积的 18.7％，但在全国 84 个国家级风景名胜区和首批 24 个历史文化名城中占比超过总数的三分之一。其中，我国著名的黄山、武陵源、九寨沟和黄龙 4 个风景名胜区经联合国教科文组织批准，被列入《世界文化和自然遗产名录》，这些大自然的瑰宝，不仅是中国的，而且是属于全世界、全人类的，具有世界意义[96]，详见表6-6。

表6-6　长江流域各省(市、自治区)5A级景区目录

省　份	数　量	名　称
上海市	3	东方明珠广播电视塔
		上海野生动物园
		上海科技馆
江苏省	18	苏州园林(拙政园、留园、虎丘)
		苏州昆山周庄古镇景区
		南京钟山—中山陵风景名胜区(明孝陵、音乐台、灵谷寺、梅花山、紫金山天文台)
		中央电视台无锡影视基地三国水浒城景区
		无锡灵山大佛景区
		苏州吴江同里古镇景区
		南京夫子庙—秦淮河风光带(江南贡院、白鹭洲、中华门、瞻园、王谢故居)
		常州环球恐龙城景区(中华恐龙园、恐龙谷温泉、恐龙城大剧院)
		扬州瘦西湖风景区
		南通市濠河风景区
		泰州姜堰区溱湖国家湿地公园
		苏州市金鸡湖国家商务旅游示范区
		镇江三山风景名胜区(金山、北固山、焦山)
		无锡鼋头渚景区
		苏州吴中太湖旅游区(旺山、穹窿山、东山)
		苏州常熟沙家浜—虞山尚湖旅游区
		常州溧阳市天目湖景区(天目湖、南山竹海、御水温泉)
		镇江句容茅山景区
安徽省	8	黄山市黄山风景区
		池州青阳县九华山风景区
		安庆潜山县天柱山风景区
		黄山市黟县皖南古村落—西递宏村
		六安市金寨县天堂寨旅游景区
		宣城市绩溪县龙川景区
		阜阳市颍上县八里河风景区
		黄山市古徽州文化旅游区(徽州古城、牌坊群鲍家花园、唐模、潜口民宅、呈坎)

续表

省　份	数　量	名　称
江西省	7	九江庐山风景名胜区
		吉安井冈山风景旅游区
		上饶三清山旅游景区
		鹰潭市贵溪龙虎山风景名胜区
		上饶婺源县江湾景区
		景德镇古窑民俗博览区
		赣州市瑞金市共和国摇篮景区
湖北省	11	武汉黄鹤楼公园
		宜昌三峡大坝旅游区
		宜昌三峡人家风景区
		十堰丹江口市武当山风景区
		恩施土家族苗族自治州巴东神龙溪纤夫文化旅游区
		神农架生态旅游区
		宜昌长阳县清江画廊景区
		武汉市东湖景区
		宜昌秭归县屈原故里文化旅游区
		武汉市黄陂木兰文化生态旅游区
		恩施土家族苗族自治州恩施大峡谷景区
湖南省	7	张家界武陵源—天门山旅游区
		衡阳南岳衡山旅游区
		湘潭韶山旅游区
		岳阳岳阳楼—君山岛景区
		长沙岳麓山—橘子洲旅游区
		长沙市宁乡县花明楼景区
		郴州市东江湖旅游区
重庆市	6	大足石刻景区
		巫山小三峡—小小三峡旅游区
		武隆喀斯特旅游区（天生三硚、仙女山、芙蓉洞）
		酉阳桃花源旅游景区
		万盛黑山谷—龙鳞石海风景区
		南川金佛山—神龙峡风景区

省份	数量	名称
四川省	10	成都青城山—都江堰旅游景区
		乐山峨眉山景区
		阿坝藏族羌族自治州九寨沟景区
		乐山乐山大佛景区
		阿坝藏族羌族自治州松潘县黄龙风景名胜区
		绵阳北川羌城旅游区(中国羌城、老县城地震遗址、"5·12"特大地震纪念馆、北川羌族民俗博物馆、北川新县城、吉娜羌寨)
		阿坝藏族羌族自治州汶川特别旅游区(震中映秀、水磨古镇、三江生态旅游区)
		南充市阆中古城旅游景区
		广安市邓小平故里旅游区
		广元市剑门蜀道剑门关旅游景区
云南省	6	昆明石林风景区
		丽江玉龙雪山景区
		丽江古城景区
		大理崇圣寺三塔文化旅游区
		中科院西双版纳热带植物园
		迪庆藏族自治州香格里拉普达措国家公园
西藏自治区	2	拉萨布达拉宫景区
		拉萨大昭寺景区
青海省	2	青海湖风景区
		西宁市湟中县塔尔寺景区

注：景区目录来源于网络资料。

(二)长江流域旅游开发状况

1. 旅游基础设施

长江流域的地理位置居中原腹地，有全国最大的水、陆、空交通网络。从水路看，长江是我国东西交通的大动脉，素有黄金水道之称，沿江每个水道口，几乎都发展成为繁华的城市。从陆路看，长江流域的铁路有京广线、京沪线、浙赣线，以及密如蛛网的公路交通和长江航线，它们构成进入本区及区内交通的基本骨架。从空路看，长江沿岸有上海、南京、武汉、重庆、成都5个规模较大的国际机场。无论国内旅游还是国际旅游，其可进入性都很好，加之长江流域的旅游资源大多分布在城市或交通线附近，游人从大城市出发，一般不需要多次转车（船）即可进入游览区。

旅游设施是旅游服务的物质基础。长江流域是全国比较富庶的地区之一，第三产业发达，城市基础设施建设水平较好，交通、旅馆、通讯等设施较完善，具有涉外交往、发展旅游的经验，这些都为长江旅游进一步开发建设提供了良好的投资环境。

综上述，长江流域具有发展旅游业的良好物质基础，且旅游开发已经取得了一定的成绩，将来如果能在保证投资的基础上，采取有效的组织管理，其社会、经济和生态效益均会得到很大发展。

2. 旅游产品

长江流域的旅游开发除了要对其旅游资源进行充分挖掘整理、科学评价外，还需要了解市场需求，即应根据旅游者的需求实情确定目标市场，之后才能够依据流域资源优势和地方实际打造崭新旅游产品，以更好地满足现代旅游市场的多元化需求。长江流域的旅游产品近年来发展迅速并且成绩可观，得到业界认可，但其开发仍处于初级阶段，旅游产品类型还较为单一。此外，长江流域旅游开发的档次布局还有待进一步优化。在所开发的旅游产品中存在两个极端，即以 5A 级景区等高品质、高知名度为典型代表的旅游产品和一些知名度较差、吸引力不强的粗放型旅游产品，缺乏一些处在中间的精品型旅游产品。随着旅游业的进一步发展和游客需求的多元化，过于极端化的旅游产品将很难满足广大旅游者的消费需求。长江流域的旅游产品还存在空间分布不平衡的问题，已开发的旅游区主要集中在上海、江苏、四川等省（市）。西藏、青海等地的自然和文化资源虽都较为丰富，但尚未得到较好开发。

四、长江流域旅游开发组织管理现状分析

（一）长江流域旅游开发组织管理历史演变

流域旅游开发组织管理是在流域综合管理的基础上经专业化分工后实现的。流域综合管理从 20 世纪初开始在美国、欧洲等西方国家逐步提出和推进，1914年，澳大利亚联邦政府与其新南威尔士州、维多利亚州以及南澳大利亚州共同签

署了墨累河水协定。依据该协定，1917 年成立了墨累河委员会，其目的是为上述三个州分配水资源提供一个准则，以保证在南澳大利亚州境内有最低限度的水流，并且确保新南威尔士州和维多利亚州有权利用各自境内的支流中的水资源。1933 年，美国罗斯福政府为了实施扩张性投资战略，摆脱经济危机，通过国会立法成立了田纳西流域管理局（TVA），对流域的开发和利用进行统一规划和实施。该管理模式虽然取得巨大成绩，但与美国民主社会理念相矛盾，以后再没有其他流域效仿该模式。1950 年，荷兰成立了莱茵河管理委员会，主要协调不同国家在防洪、航运和水污染防治等方面的问题，成为国际河流管理模式的典范。1973 年，英国议会通过相关法律，以流域为单位成立了泰晤士河水务管理局，对流域内的供水、水资源开发、污染控制、地面排水、污水处理、防洪防潮、航运、渔业等实行统一管理。1992 年，在都柏林和里约热内卢召开的水与环境国际会议，提出了水资源综合管理理念。1996 年，一个向水资源管理开放的国际网络组织——全球水伙伴（GWP）成立，包括发达国家和发展中国家的政府机构、联合国机构、双边及多边开发银行、专业协会、研究机构、非政府组织及私营部门，在各国逐步推动水资源综合管理（IWRM），其目的是为了确保水、土以及相关自然资源的协调开发与管理，使经济和社会财富效应达到最大化而不损害重要的生态系统，并提出可持续发展的新模式。

我国在 20 世纪 30 年代前后，民国政府效仿西方国家在国内的主要江河先后设置流域管理机构：如扬子江水利委员会、黄河水利委员会、导淮委员会、华北水利委员会、珠江水利局和太湖流域水利委员会等，开始着手流域规划和治理工作，但由于战乱，流域开发与管理工作进展不大。1949 年后，我国先后成立了长江水利委员会等流域机构，开展了以防洪、灌溉、供水、水力发电和航运为主体的大规模江河治理和水资源开发利用工作。2002 年新《水法》提出"国家对水资源实行流域管理与行政区域管理相结合的管理体制"。国务院水行政主管部门在国家确定的重要江河、湖泊设立流域管理机构（以下简称流域管理机构），在所管辖的范围内行使法律、行政法规规定和国务院水行政主管部门授予的水资源管理和监督职责，确定流域机构的法律地位。

国内外流域管理模式主要分为统一管理（如 TVA）、协调管理（莱茵河、墨累河）和基础组织民主协商式（如农民用水协会）三类，我国现行流域管理模式是在水利行业内接受水利部授权进行水行政管理，同时与流域地方和其他涉水部门协调管理江河水域及水资源的开发利用。伴随着流域综合管理机构的出现，长江流域旅游开发组织管理也出现了重大的变化[91]。

（二）长江流域旅游组织管理的现状

长江流域的水行政管理主要依据《水法》、《防洪法》、《水土保持法》和《水污染防治法》等及其他相应法规，而长江流域特有的法规和部门规章还有《长江河道采砂管理条例》和《三峡水库调度和库区水资源与河道管理办法》等，水行政管理主要包括流域防洪防旱、取水许可、河道采砂、涉河建设项目许可、水土保持监督、水利工程规划、建设和运行相关管理、重要水文站点规划和管理等，水行政管理的技术依据主要是长江流域综合规划和各种专项规划。目前长江流域综合规划、防洪规划、水资源综合规划及部分重要支流综合规划已经相继编制完成，流域规划体系正逐步完善。相比之下，长江流域的旅游组织管理发展还处于起步阶段，没有专门的法律法规，更没有综合性的流域旅游管理机构，规划方面虽然已经开始涉及旅游领域，但是规划实施难度较大，组织和资金保障很难满足长江流域旅游发展的需要。

（三）部分地区在长江流域旅游开发组织管理中采取的措施

1. 鄂、湘、赣、皖四省

长江中游城市群旅游资源虽然丰富，但鄂、湘、赣、皖四省间在旅游方面的合作不够深入，存在资源分布较分散、市场化程度不高、区域合作交流不深、客源市场整合不足、政策管理不协调、核心品牌不够响亮、旅游企业不够强大等发展问题，呈现中四角旅游综合竞争力不强的状况。而长江中游城市群的建设和全国区域旅游一体化的发展，为鄂、湘、赣、皖四省旅游合作发展提供了一定的政策指向。在此基础上，长江中游城市群旅游发展可采取了以下五个发展策略。

1）整合旅游资源，打造"漫游主题个性化"旅游产品

鄂、湘、赣皖四省山水相依、地缘相近、人缘相亲，旅游资源赋存丰富，包括一江、三山、四湖(一江指长江，三山是指武当山、黄山、大别山，四湖指洞庭湖、鄱阳湖、巢湖、洪湖)的山水生态旅游资源、荆楚民俗人文资源及红色经典旅游资源，具备良好的区域旅游合作条件。将旅游资源整合并提升为面向市场的特色鲜明旅游产品，是打造长江中游城市群旅游发展体系的基本前提策略。

根据"生态、人文、红色"三大旅游资源赋存，采用同质开发、异质互补的原则，设计开发别具一格、主题鲜明的旅游产品组合，体现出漫游体验、特色主题、个性定制的旅游产品设计理念。例如，以武当山、明显陵、武陵源、张家

界、黄山为主体的"世界遗产大观游";以"两院三楼"(白鹿书院、岳麓书院及黄鹤楼、岳阳楼、滕王阁)为载体的"书香门第之旅";以马王堆、越王勾践、安徽"文房四宝"为基点的"博物考古文化游";以婺源、西递宏村、景德镇、湘西凤凰、洪江、唐崖土司为组合的"古镇民风游";以一江两湖(长江、洞庭湖及鄱阳湖)为主题的"水路风情生态游";以高速铁路及城际铁路为交通动脉,以武汉、长沙、岳阳、南昌、合肥等城市为节点的"高铁都市自在游";以大别山、井冈山、武昌为基地的"红色革命经典游"等。

2)树立旅游形象,推广"一江两湖三名楼"旅游品牌

鄂、湘、赣、皖四省近年来推出了不同的旅游形象口号,如"灵秀湖北"、"锦绣潇湘"、"江西风景独好"、"逐梦安徽",均是对本省旅游形象的各自概括提炼,在此基础上若形成四省共同的旅游形象将进一步推动长江中游城市群旅游产业的发展。本书集中对四省地缘、文脉相近的旅游资源和旅游产品进行提炼,萃取多种文化因子及山水地格,结合四省构建"两型社会"的生态文明建设目标,形成以长江黄金水道为主轴,以洞庭湖、鄱阳湖为两翼,以黄鹤楼、岳阳楼、滕王阁为代表的"一江两湖三名楼"的核心主题形象;形成以张家界、神农架景区为代表的"中国绿心"的生态主题形象;形成以"三国文化"、"红色文化"及"楚越文化"为历史主题形象的层级分类。在树立同一旅游形象的基础上,打造精品名品旅游项目,使"中四角"旅游产品品牌化、旅游形象品牌化、旅游企业品牌化,即在现有著名景区及景点的基础上,通过品牌共塑、形象共树、综合开发,打造一批以"一江两湖三名楼"为首,以"中部延安"、"三国演义"、"景德瓷海"、"禅宗祖庭"及"林海山原"为辅的旅游金牌名片系列,同时每年评选游客最满意的"湘楚万里行旅游标杆公司",以满足四省旅游企业品牌化趋势。

3)拓展旅游市场,构建"高铁旅游示范区"立体交通

"中四角"及其腹地城市的旅游发展体系的构建应以武汉城市圈为龙头,以长株潭城市群和环鄱阳湖生态经济区为重点依托,以皖江城市带为纽带,立足中部地区,拓展周边城区,形成鄂、湘、赣、皖四省旅游市场互送的基础性市场。借助京广高铁及城际铁路等交通变革优化旅游市场结构,完成北抵北京、南至广州、西到西安、东达上海的4小时"高铁旅游圈",逐步构建长江三角洲、珠三角、京津唐等经济发达地区的核心性旅游市场。依托现有机场国际航班,拓展港澳台、美日韩、中南亚等海外旅游补充性市场。根据客源市场"快旅慢游"的现代旅游方式和需求,鄂、湘、赣、皖四省共同建设无障碍景区。首先需打造无缝对接"三圈层交通体系"的立体化交通格局。"三圈"即依托京广、武广、沪汉

蓉、沪昆高铁"4小时高铁旅游交通圈",核心城市与周边卫星城之间的"2小时城际交通圈"以及市区与城郊间"1小时通勤交通圈",构建全国高铁旅游示范区。同时,注重海、陆、空等多种交通方式的有效对接,实现大空间的快旅、小空间的微循环,形成立体化交通大动脉,以促进长江中游城市群旅游经济发展。

4)完备政府职能,建立"顶层设计全域化"无障碍旅游区

继2013年2月签订《长江中游城市群暨长沙、合肥、南昌、武汉旅游发展合作协议》后,2013年5月,武汉、长沙、合肥、南昌四市的旅游部门在武汉联手成立长江中游城市群四省会城市旅游发展合作组织,从顶层设计出发,共同打造中部地区"无障碍旅游区"。

首先,在政府方面,需要得到地方政府等有关部门的大力支持。鄂、湖、赣、皖四省需要制定统一可行的旅游规划,设立一个协调管理机构,专门从事跨区域旅游合作研究、管理与协调工作,为区域合作提供决策和咨询服务,整顿和规范市场秩序。

其次,在管理机制方面,应建立协调管理机制,包括服务质量、安全保障及旅游投诉等情况的协调,同时包括统一人员管理及培训等工作。

再次,在政策方面,鄂、湘、赣、皖四省政府及处于省界的市、区所在部门应减少地方保护主义壁垒,对处于旅游产业链不同环节的企业及相关产业的企业给予一定优惠政策,以促进长江中游城市群旅游业的融合发展。

最后,在旅游企业方面,"中四角"各方应鼓励有实力的旅行社到区域内其他省份设立分支机构,大力扶持跨区域经营的大型旅游企业到各地开展旅游经营活动,充分利用大型旅游企业的行业优势和市场导向优势。

5)领航旅游科技,优化"智能便利多元化"服务体系

随着科技的不断创新,高端技术越来越多地优先应用于旅游产业,主要体现为智慧技术的不断应用、管理信息技术的不断提升、旅游地安全保障体系的不断完善。鄂、湘、赣、皖四省在智慧旅游平台打造及其旅游服务创新方面应"先声夺人",以强化已有的旅游产业综合竞争优势。

首先,打造国家智慧旅游城市群。以武汉为先行示范城市,带动湖南、江西、安徽三省逐步实现智慧旅游城市的构建及旅游标准化的升级改造。

其次,构建智慧旅游景区。鄂、湘、赣、皖四省在各自投资开发智慧旅游景区的基础上,分步引进智能门禁系统、智能讲解系统、停车场自动引导系统,逐步实现WIFI全景区覆盖及景区二维码技术的应用,分期实现景区智能门户网站、智能酒店预订系统、旅游公共信息触摸屏系统的搭建,依情况引进360°虚拟

景区展示平台、环境监控系统、应急救援管理系统等，最终实现旅游一卡通无障碍消费系统的共建。

最后，提升智慧游客的满意度。立足本地景区，开发相应旅游 APP 软件，通过互联网、移动互联网等终端设备，收集城市景区、旅行社、饭店等信息，汇总到客户终端设备。将"吃、住、行、游、购、娱"全要素放入游客口袋，有助于旅游者实现高效、安全、满意的游客体验[92]。

2. 长江三角洲地区

长江三角洲地区为放大上海空港口岸 72 小时过境免签政策效应，构建"三沿五环一轴"水上旅游空间布局，展开了新一轮区域旅游合作。三省一市将共同推动跨区域旅游业转型升级，建设具有世界竞争力的旅游目的地。

根据"旅游一体化"蓝图，长江三角洲城市群在旅游业改革创新上将率先复制中国（上海）自由贸易试验区经验，探索推行区域负面清单管理，鼓励扩大对外合资合作，推动旅游市场向社会资本全面开放。值得一提的是，针对上海口岸实施的 72 小时过境免签政策，三省一市将争取共同向国家有关部门申请，突破停留在上海市域的范围，让过境游客在 72 小时内可以玩转长江三角洲区，使这一政策发挥更好的效应。

以大运河、长江、海岸、太湖、钱塘江、杭州湾等水域为依托，长江三角洲将构建水上旅游"三沿五环一轴"空间布局。其中，发挥上海邮轮母港的引领作用，沿东海和黄海将重点打造宁波、舟山、上海和连云港邮轮组合母港，探索区域邮轮组合母港建设。沿长江和长江次流域则聚焦于城市水上旅游，加强与长江流域旅游城市的合作，挖掘中西部旅游资源，发展长江旅游经济带。利用古运河旅游资源和申遗成功的契机，推出沿古运河的旅游产品和线路。同时，环杭州湾、环太湖、环西湖、环淀山湖和环巢湖五大旅游圈也将很快浮现。

今后，长江三角洲区域内将涌现一系列新业态、新产品，包括依托苏、浙、皖、沪高铁网络和站点，推进高铁站点旅游咨询、集散和服务设施建设，推出"高铁＋景区门票"、"高铁＋酒店"的高铁快捷旅游线路和产品。充分放大上海迪士尼等重大项目的辐射效应，引导长江三角洲旅游客源互动。适时推出自驾车营地（房车）、医疗等专项旅游产品。

此外，长江三角洲地区还将完善旅游诚信系统，健全旅游监管和执法信息共享机制，发布旅游警示和不良旅游企业信息，探索旅游应急突发事件联动协调机制，建立跨区域旅游重大事件和旅游安全事件的应急预案，完善交通方面的异地救援和保险理赔体系[93]。

(四)长江流域旅游开发组织管理面临的问题和挑战

根据当前的职能划分,旅游部门应该享有对旅游资源的统一管理权利,但是部门之间的矛盾依然存在。从发达国家流域旅游管理的经验可以看出,涉及跨区域的旅游资源管理不可能在一个地区的一个部门内部完全解决,关键是建立各部门和各区域之间的合作与协调机制。我国跨区域、跨部门之间有效合作机制尚没有完全建立,也尚未建立起公共资源对话、利益相关者共同协作和交流的平台,需要以完善法律的形式进一步明确旅游资源管理交叉领域的责任及分工,明确主导部门与协作部门,否则对话与协作的交流平台即便建立起来,也会有许多问题难以解决。

长江流域干流涉及我国 11 个省、直辖市和自治区,在协调长江流域旅游资源开发利用和水生态系统保护与地方政府经济社会发展关系的过程中,不仅事物繁杂,而且矛盾突出,不仅技术要求高,而且协调和管理难度大。目前长江流域旅游组织管理虽然取得了长足的进展,但离全面实现流域旅游综合管理的要求还有相当大的差距,并还存在以下困难或问题:①流域旅游管理法律法规体系尚不健全;②流域旅游管理体制上的条块分割依然存在,流域旅游统一管理亟待加强,可行和高效的跨部门、跨地区协调机制亟待建立,流域旅游管理与行政区域管理的职能划分与结合尚需进一步明确和落实;③流域旅游规划体系有待完善,流域旅游规划的可操作和实用性有待强化;④流域生态环境保护和旅游资源开发并行管理制度尚需完善,旅游功能区及生态功能分区尚需进一步对接;⑤执法监督还需加强;⑥流域旅游管理能力和现代化水平有待进一步提升[94]。

第二节　长江流域旅游开发的组织管理体制改革与机制创新

一、组织管理体制改革与创新

(一)建立多元管理主体

与传统的组织管理体制不同,在新型旅游组织管理体制中,政府不再是旅游管理的单一主体，而是政府、企业、社会、公民共同参与，这样，通过制定多方共赢的公共政策，可以发挥多个产业部门优势，实现旅游资源配置的最大化和最优化，有效避免制定单方获利的公共政策。同时，企业、社会、公民的共同参与，使得旅游管理的主体涉及政府（各级旅游组织）、社会（社会团体）、市场（旅游经营企业和游客）等多方利益相关者，从而使各利益相关者形成互动的、多向交流的、友好的、平等的关系，改变了原先缺乏其他利益相关者积极响应的局面。这不仅有利于政府转变职能，而且有利于监督政府行为，更有利于资源优化配置，从而实现社会公平。

1.　政府旅游管理部门与旅游企业和旅游者间的关系

一方面，政府制定和执行适合旅游业发展的产业政策，为旅游企业的发展创造良好的政策环境，通过对旅游市场的监管和协调，创造良好的投资环境、产业环境，引导旅游企业和旅游者健康有序发展；另一方面，旅游企业和旅游者在执行政策过程中，通过合法的途径和程序向政府或旅游管理部门反馈政策执行的效果，从而最大限度地影响政府制定的政策。

2.　政府旅游管理部门与旅游社会团体间的关系

一方面，政府通过制定有利于旅游业发展的公共政策，明确旅游社会团体的权利和义务，引导旅游社会团体充分发挥其作用；另一方面，旅游社会团体可以在一定程度上帮助政府实现社会自治，与政府一同实现旅游管理的职能。

3.　旅游社会团体与旅游企业、旅游者间的关系

一方面，旅游社会团体可以为旅游企业和旅游者提供旅游产品和旅游服务，同时对于减少旅游市场中信息不对称的现象也有一定的作用，从而加强了旅游企业之间、旅游企业与旅游者之间的关系，有利于消除企业间的不正当竞争，从而维护旅游企业和旅游者的合法权益；另一方面，旅游企业和旅游者反过来影响旅游社会团体，通过行业自律和市场行为，更好地监督和影响旅游社会组织的行业规范，并将自身利益诉求反映给旅游管理机构。因此，新形势下长江流域旅游组织管理的主体应是政府、旅游企业、旅游社会团体和旅游者共同参与的多元主体，各管理主体之间存在着必然的联系。

（二）实现多重效益目标

旅游产业的范围不仅关系到经济利益的实现，而且关系到社会的稳定繁荣，以及人民生活水平的提高；不仅关系到旅游资源的开发利用，而且关系到资源的保护和可持续发展；不仅关系到经济的增长，更关系到文化的繁荣。新的旅游发展模式绝不能仅仅追求高经济指标、高增长率、表面的繁荣和暂时的形象或政绩工程，而应该在重视经济指标的同时，提供尽可能多的就业岗位、形成良好的社会风气、获得较高的旅游满意度。应重视保护自然旅游资源、历史文化旅游资源，进行环境综合治理，把提高绿色覆盖率、改善大气环境、保护传统文化和发展文化事业作为政府旅游管理的目标，实现可持续发展旅游管理经济水平目标、社会效益目标、环境保护目标和文化发展目标。

（三）公众满意评价机制

传统的旅游管理绩效是以领导为中心，将旅游经济收益是否比上年同期有所提高、旅游产业规模是否扩大作为政府旅游管理的评价标准，因此就难免产生政绩工程和形象工程。然而，可持续的、以人为本的政府管理理念要求政府在旅游管理活动中以公众的现实需求为中心，积极提供让公众满意的公共服务和公共产品。这里的公众，既包括旅游者，也包括旅游企业。以公众为本的政府旅游管理的评价体系应当涵盖如下内容。

1. 公众的需求是否得到了满足

这是政府以公众为本的旅游管理绩效的基本内容，主要包括旅游者是否对旅游景点景区的交通状况、基础接待设施满意；是否对餐饮饭店的卫生质量、导游人员的素质、旅行社对旅游线路的安排满意；旅游企业在旅游经济活动中，是否认为政府制定的政策科学有效；旅游企业、旅游社会团体是否有足够的独立权，充分利用市场机制来实现自身发展等。

2. 公众的反馈是否得到了回应

在新的政府旅游管理体制中，公众有充分的权利通过一定程序表达自己的诉求，对于那些科学、合理、对旅游发展有利的诉求，管理主体是否能做出及时、有效并且令公众满意的回应，并将其诉求落实，也是以公众为本的政府旅游管理体制的内容之一。

3. 评价是否科学、透明

政府旅游管理绩效的评估规则、评估程序、评估过程、评估结果等所有有关政府绩效评估的信息和活动都应当定期、及时地公开，评估方法、评估程序是否科学规范，结果是否具有可检验性和持续性，是政府以公众为本的旅游管理评价机制坚持的重要原则[95]。

二、组织管理结构改革与创新

(一)长江流域旅游组织管理结构改革总体思路

出于长江流域旅游资源具有综合性的特点，对长江流域旅游资源的管理保护不可能只由旅游部门单独完成，其他涉水部门应该与旅游部门相互配合，相互协调，因此有必要建立长江流域旅游综合管理体制。长江流域旅游综合管理首先应是部门之间的综合管理，完善的管理体制是进行流域旅游综合管理的前提。根据长江流域的实际情况，借鉴国际著名流域旅游综合管理经验，提出长江流域各省(市、自治区)建立长江流域旅游协调委员会的构想。

流域旅游协调委员会直接受各地区政府领导，委员会主席由省(市、自治区)政府任命，委员会成员由各涉水部门组成，包括水利局、旅游局、环保局、园林局、林业局等。针对旅游景区被各部门分割、多头管理、协调脱节、管理混乱的现象，有必要根据"风景与旅游一体，资源与市场结合，开发与保护统一"的原则，集中旅游、瞰景、文物等部门职能，建立大旅游管理体制，成立旅游综合管理委员会，由目前与旅游直接相关的管理部门，如旅游局、园林局和林业局等组成，接受流域旅游协调委员会的领导与监督。流域旅游协调委员会和旅游综合管理委员会定期召开会议，商讨流域旅游资源的利用、协调、保护和管理等各项事宜。

(二)长江流域旅游组织管理结构的创新

长江流域旅游协调委员会由各省(市、自治区)政府授权，行使流域旅游综合管理职能，其主要职能是领导、协调和监督，具体职能如下。

1. 在地区内部协调各部门对流域旅游资源的开发利用，调解、解决各涉水部门的矛盾和冲突

流域资源具有综合性的特点，各部门从自身利益出发争夺资源，势必造成资源浪费，流域旅游协调委员会通过协调各部门之间的矛盾，将资源合理分配到各部门，科学配置资源，为有效利用资源，使资源利用可持续。旅游综合管理委员会具体负责本地区内部旅游资源的管理、利用、整合、协调，避免多头管理。

2. 协调地区之间的资源利用矛盾

一些旅游资源常常为两个以上的地区所分割，这种旅游资源的开发管理问题较为复杂，处理得好，各方受益，处理得不好，不但资源本身会被浪费，各地区的旅游效益也会受到影响。各地区的流域旅游协调委员会可以磋商研究旅游资源的合作利用问题以及其他流域资源的协调问题。

3. 领导建设流域资源利用监测系统和流域资源信息管理系统

长江流域旅游协调委员会应加强对流域资源利用方面的监控，监督流域法律法规的实施状况，监督各部门资源利用的状况并协商解决对策。

旅游综合管理委员会是各地区的旅游管理部门，负责旅游业发展管理的一切事务，从旅游资源环境保护角度出发，应重点对旅游景区（企业）以及旅游社区（当地居民）等旅游因素进行管理。

（1）长江流域多省份的旅游景区（企业）在管理过程中存在政府失灵问题。旅游景区为当地政府所有，景区的管理机构多数是政府的派出机构或是政府的职能部门，有的甚至是一级政府，在旅游景区的管理过程中，存在较为明显的企业行为，政企不分，所有权、经营权、管理权混淆。旅游景区在管理过程中，不为旅游部门单独管理，而是与园林、环卫、文化、城建、规划、宗教、公安、物价等部门共同管理，政出多门。部门间协调困难，旅游资源被人为分割，导致旅游资源无法统一规划，资源浪费和破坏现象严重。因此旅游景区管理的首要问题是进行管理体制改革，进行制度创新，在产权管理制度、管理组织制度以及法律法规制度等方面进行创新；其次，针对旅游景区为不同管理部门管理的现象，由重组后的旅游综合管理委员会具体对旅游景区进行宏观管理；最后，旅游景区开发与保护相协调，严格控制景区内的不合理的开发建设行为，制定相应的规章制度，加强对景区环境的管理。

　　(2)社区(当地居民)与旅游开发息息相关,在旅游发展过程中起到越来越重要的作用。社区居民的生活习惯、民俗风情都是重要的旅游吸引物,社区居民对旅游开发的重视程度、参与程度、对旅游资源的保护程度都对当地的旅游开发有重要影响,社区居民的文明程度、好客程度都反映着旅游地的整体形象。然而在长江流域各地区,由于旅游开发规划与政策绝大多数由政府制定,社区居民成为旅游开发、规划与管理的局外人,社区居民对旅游开发有抵触情绪,对旅游资源的破坏现象较为突出,生活垃圾及污水、在河流及附近挖鱼塘、建育苗池、进行不合理的道路建设和不当的建筑行为都对旅游资源造成极大破坏,因此必须对社区进行管理。一方面,充分调动社区居民参与旅游开发的积极性和热情,加强社区的旅游功能,给予其一定的旅游开发、规划与管理的机会,使其真正成为旅游开发的局内人,将社区利益与旅游开发挂钩,引导其关心旅游、热爱旅游、支持旅游,保护环境、保护资源,真正将旅游开发作为自己份内的事;另一方面,通过制定各种规章制度,进行社区体制改革,约束社区居民的行为,避免旅游资源环境被破坏[96]。长江流域旅游组织管理结构示意图如图 6-1 所示

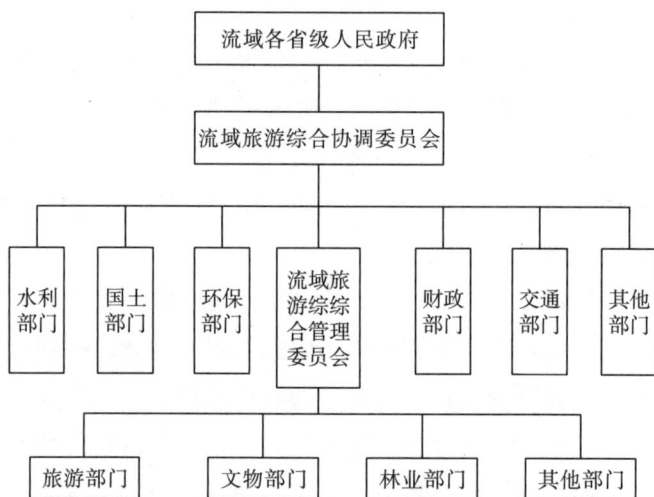

图 6-1　长江流域旅游组织管理结构示意图

三、区域协调机制改革与创新

(一)长江流域旅游协调机制改革的必要性

　　区域旅游发展与旅游业区域合作的协调机制是综合性的。旅游业是一种关联

性非常强的综合性产业，是一种具有经济、社会、文化、地域综合特征的行业，那么它就不可能像纯粹的经济产业（如生产制造业、加工业、零售业、通讯业等）那样，完全依靠市场来调节其发展。调控旅游业的力量和机制是综合性的，包括市场、民间和政府等多种机制。在不同的国家和地区，市场、民间和政府机制在旅游业发展中所起协调作用的范围和力度是不同的。

旅游业区域协调机制的综合性还表现在：不仅直接针对旅游业发展的协调机制起着核心作用，而且针对区域发展的宏观协调机制对旅游业发展也起着重大的制约和影响作用。建立综合性和专业型的跨区域协调组织（包括民间、半官方、官方的）、形成区域合作的协调制度和机制是开展区域旅游业合作的根本保障。

（二）区域协调机制改革与创新的具体内容

（1）政府协调机制在区域旅游发展及旅游业区域合作中具有重大作用。旅游业具有很强的经济属性、社会意义、文化内涵和政治色彩，只有政府才能保证旅游业综合性特征的突现和综合性目标的实现，因而，政府的调控机制对区域旅游业发展和旅游业的区域协作联合起着重大的推动作用。世界绝大多数国家和地区的旅游业发展模式就是"政府主导型"。我国是这种模式的典型例子。树立这个观点，对于长江流域涉及的各地区正确发挥政府机制的作用，综合协调社会各方面的力量和资源，推动长江流域旅游业的健康持续发展具有重大的现实和战略意义。

（2）旅游业区域合作的内容、形式与协调机制的耦合构成了旅游业区域合作的基础，其内容、形式和协调机制是从不同侧面对旅游业跨区域联合发展进行的分类研究，实际上，这三者具有内在的联系。不同的内容具有对应的最佳合作方式和途径，相应地就要采取合适的协调机制。全面考察旅游业区域合作的全部内容以及采用的所有形式和相应的协调机制，可以归纳出旅游业区域合作的基本原理。

（3）"行政区经济"严重制约了我国旅游业区域合作的顺利开展。大力开展旅游业的横向区域联合是实现旅游业由"行政区经济"向"旅游区经济"转变的有效途径[97]。所谓"行政区经济"是指由于行政区划对区域经济的刚性约束而产生的一种特殊区域经济现象，是我国在从计划经济体制向社会主义市场经济体制转轨过程中，区域经济在由纵向运行系统向横向运行系统转变的时期出现的具有过渡性质的一种区域经济类型。"行政区经济"最突出的特点是：社会经济活动渗透着强烈的地方政府行为，具有强烈的地方利益倾向；受行政区划的刚性约束，生产要素跨区域（行政区域）流动受到人为的限制与阻隔，经济运行秩序比较紊乱。

　　我国现有的政府行政体制和行政区划体系、旅游业发展的所有制体制、旅游业发展的经营机制和管理体制是旅游行政区经济产生的根源。我国旅游行政区经济突出表现在区域旅游业发展的"政府主导型"思想、区域旅游业发展规划和旅游区(旅游目的地)发展规划的制定与执行、区域旅游资源的开发和旅游产品的生产、区域旅游市场占领与获取旅游形象外扬的机会、区域旅游业的宏观管理等方面区域互筑壁垒、地方保护、重复建设、争夺资源和市场、以邻为壑、恶性竞争等种种不规范行为。旅游行政区经济已经严重地影响到长江流域旅游业的正常发展和流域整体实力的提高，成为长江流域旅游业区域合作的最大障碍。深化经济体制和行政体制改革、完善社会主义市场经济体制是消除旅游行政区经济的前提。打破行政区域壁垒、大力开展旅游业的跨区域协作与联合、建立跨越行政界限的区域协调机构和机制是削弱旅游行政区经济的负向作用、促使旅游产业各要素跨区域流动与交流、实现旅游行政区经济向旅游区经济转变的有效途径。

第三节　长江流域旅游开发组织管理的模式分析

　　在国内外旅游业竞争加剧和旅游观念转变的情境下，长江流域旅游开发还存在很多问题。要实现长江流域旅游业的进一步发展，必须进行有效的组织管理，改善合作模式，保障旅游合作的顺利开展。因此，本书提供以下几种在区域合作背景下的旅游开发组织管理模式，供相关利益者进行参考。

一、"以水促旅，合作共赢"模式

　　围绕把长江流域建设成世界性水上旅游示范区这一中心目标，按照"抓突破、抓聚焦、抓落实"的总体要求，根据区域旅游组团合作理论，确立"以水促旅、合作共赢"的长江流域旅游合作模式。主要有以下三个方面：①资源整合，共筑"长江黄金旅游水道"；②组团发展，打造长江流域旅游产品；③多元组合，编织长江流域旅游线路网络。

(一)区域旅游组团合作理论

　　不同的区域，其内部的要素构成、结构、功能都不尽相同，因而区域之间开展旅游合作的模式也有所差别。区域旅游组团合作模式，是以下两种区域旅游合作发展方式的有机结合：邻近区域结合，共同形成一个旅游区域；以产品及线路的组合形成旅游区域。

采用区域旅游组团模式的优势在于：①在产品的组合和线路上走合作共赢、优势互补、"借景"发展道路，该组团模式不仅可以带动每个合作城市的发展，还能提升区域的整体旅游功能；②该组团发展模式，即"大品牌，小板块"的发展思路，有利于各地发挥优势，邻近地区优势的联合可以形成"小板块"中心组团式的格局，发挥小板块的凝聚力，从而逐步向外扩散，最终达到区域的整体繁荣；③该组团模式以"组"促"团"，以"小板块"带动"大板块"、"大板块"带动旅游区域的整体发展，逐步、逐层地推动整个区域一体化，这样的发展模式能满足层次性、稳定性和务实性发展的需要；④该组团模式强调区域大系统和各地区子系统的区情特征、发展条件与比较优势等的分析结果，强调在区域大系统层面上的统筹规划与合理分工；⑤该组团模式能较好地贯彻实施区域之间利益共享机制和利益协调机制，以确保大区域利益、各地区利益以及其一致性；⑥该组团模式实质上是以区域内旅游城市之间互相关联、相互依存和有序整合的方式"整体推进"。在这个"整体推进"的过程中，有利于提升区域的整体发展潜力和发展空间，共享和利用区域内人才、技术、资金、管理和市场开拓能力等有利条件或因素，使其发展速度大大加快。

(二)"以水促旅、合作共赢"模式的构建

根据流域内各省份旅游产业发展现状以及资源赋存状况来看，长江流域的旅游产业发展模式可以由目前的"2-7-2"菱形模式转变成"6-4-1"倒金字塔形模式，如图6-2所示。这有其合理性和可行性。首先，就目前旅游产业发展现状而言，处于第二梯度的四川、云南、湖北、重庆和第三梯度的西藏旅游业的发展水平已超过了同级内其他省份。四川和云南凭借旅游资源的绝对优势，分别在国内和国际旅游市场中独树一帜，加快实现向旅游经济强省跨越具有可行性。湖北省政府十分重视旅游业的发展，特别是近年来在北京的成功营销，为旅游业快速发展、实现旅游经济强省的目标奠定了基础。重庆作为直辖市，拥有资金、人力、信息等方面的优势，加速实现旅游经济强市也是可行的。西藏旅游业由于开放晚，所以在国际和国内市场具有很强的神秘性和吸引力，这为西藏旅游业实现跨越式发展奠定了基础。如上所述，四川、云南、湖北和重庆可以加速旅游业的发展，缩短由旅游资源优势向旅游经济优势转型的时间，提早进入第一梯度，实现旅游经济强省的目标；西藏则有能力将旅游资源优势快速地转化为旅游业产业的优势，提早进入第二梯度。这种跨越式发展与旅游资源、当地经济发展水平息息

相关，更为重要的是要制定合理的旅游产业政策。政策的制定要依据充分发挥省内旅游业的比较优势、最终引导旅游业健康发展的原则。其次，流域内旅游产业模式转变后，流域内处于"引擎"地位的省份数量增多，且地域分布更合理，能够充分发挥旅游经济强省的辐射带动作用，促进流域内旅游业的协调发展[98]。

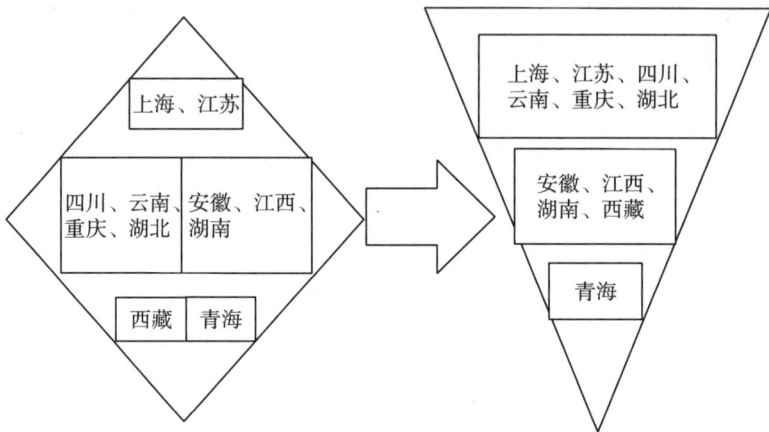

上海、江苏

四川、云南、重庆、湖北

安徽、江西、湖南

西藏   青海

上海、江苏、四川、云南、重庆、湖北

安徽、江西、湖南、西藏

青海

图 6-2   "2-7-2"菱形模式转变成"6-4-1"倒金字塔形模式

二、政府主导型旅游合作模式

(一)制度安排型模式

该模式主要表现为政府通过召开联席会议或举办高峰论坛等形式来规范合作内容、约束合作成员行为的一种发展模式。该模式实现的基本途径是政府间建立一种具有一定组织权威的组织保障体系，确定一定的议事议程，在此基础上召开各种形式的协调会议、定期举行会晤交流、制定合作计划等；共同制定有利于区域间旅游业合作交流与发展的目标、政策、规章等，进而对区域旅游合作进行宏观和全面性的引导、监督与协调。目前，长江流域内主要存在两类与旅游合作相关性较大的联席会议，一类是由旅游主管部门主动发起并举办的联席会议，如旅游城市高峰论坛、旅游市场联席会议和旅游市场论坛等；另一类是由其他政府部门举办的联席会议，旅游合作作为其中一个重要专题进行讨论，如长江流域经济协调会议、长江经济带合作与发展座谈会等。在这类合作模式中，参与合作的成员级别较高，合作参与者包括国家旅游局领导、轮值城市的市级领导以及各省市旅游局局长等。每次联席会议会签署相应的合作宣言或协议，其内容侧重于探讨区域旅游合作中的宏观层面的一些重大发展问题，从区域整体层面把握旅游合作的总体方向、基本原则以及主要合作领域等。

（二）专题纽带型模式

该模式主要是指以区域旅游合作中的某一专题为纽带进行专门深入的合作。这些专题一般为联席会议签署的合作宣言或协议中一些比较紧要或者合作容易开展的领域，因此这一合作模式也可以看作是对制度安排型模式的进一步深化，主要是通过城市旅游局相关人员负责召开工作会议，具体落实各合作专题的实施。目前，长江流域旅游合作中涉及的一些专题主要包括旅游交通、旅游人才教育培训、区域旅游标准以及旅游信息化建设等方面。专题纽带型合作模式更容易获得较为深入的发展，合作成效也较为突出。但同时应看到，专题纽带型合作模式往往涉及多个部门，需要多个部门的相互协调与沟通。因此，该合作模式有时在实际操作过程中并不是很顺利。以区域旅游信息化联盟为例，因目前很多城市的信息化统计口径和技术都不相同，该联盟目前仍然停留在城市之间旅游网站的初步链接状态中，对于更进一步的信息互换、数据共享等则没有太多实质性的合作。区域旅游交通卡、旅游卡也因为技术对接问题而遇到了合作障碍，短期内很难在区域内部进行有效对接。

（三）规划引导型模式

该模式主要是指依据一定的发展规划要求而展开的旅游合作，表现为长江流域内的一些城市群发展规划。例如，长江中游城市群规划、南京都市圈规划、长江三角洲城市群规划等。该类规划以解决区域性共同问题、协调区域关系为基本目标，并对区域内城市的旅游功能进行了相应的职能分工。但从实际操作层面看，合作效果并不理想，主要原因在于这类规划一般是上级政府通过行政手段而发起的城市合作，更多的是上级政府意志的反映。同时，在规划编制过程中，主要是由规划编制单位听取相应城市的想法和意见，而与被协调城市之间缺乏充分的信息交流与互动，因此在城市间较难形成良好的合作共识[99]。

三、企业主导型旅游合作模式

（一）旅行社主导合作模式

该类模式包含以下两种类型。①集团扩张型，这类模式的代表为具有一定实力的大型旅行社集团，如上海春秋旅行社。这类旅行社的战略目标关注的不是与流域内部其他中小型旅行社之间的合作，而是更加注重自身在流域内的集团化扩张发展。这类旅行社只有在大型危机事件来临时才会与其他大型旅行社建立一种短暂的合作关系。②旅行社联盟，如中国旅游万里行合作联盟、中国老年旅游联合体等。这类合作模式在现阶段发展比较迅速，主要表现形式是长江流域内的若干中小型旅行社集中在一起组成联盟，或与流域内的其他省、市旅游局及景点合作开展旅游业务。

（二）景区主导合作模式

根据景区参与合作的积极性，将景区参与合作划分为被动合作态度和主动合作态度。长江流域内并非所有的景点都对旅游合作表现出积极的合作态度，对于一些游客已经接近饱和的景点，合作或不合作都不存在太大的实质性差异，其合作的被动态度表现为仍然停留在参加政府举办的推介会阶段，依靠政府力量进行合作。而那些希望能够吸引更多客源的景点则表现出积极主动的合作态势，表现为景区通过自身的力量，采取主导性策略积极开拓长江流域客源市场。

（三）酒店主导合作模式

只要能够给酒店带来更多的客源，酒店的合作态度就比较积极。其中，连锁酒店在长江流域旅游合作中的积极性较高。连锁酒店自身业务在长江流域内的扩张是真正意义上的酒店主导型旅游合作模式。单体酒店，尤其是大中型的单体酒店，是第二类积极参与旅游合作的酒店类型，适当项目的推动、与政府旅游局的紧密合作是这类单体酒店参与长江流域旅游合作的主要途径。

四、行业引导型旅游合作模式

（一）旅游协会引导型模式

该模式主要依赖于协会拥有的规模庞大的会员数量，旅游协会建立的宗旨就是促进会员之间团结、联合与协调，成为政府与企业之间的桥梁与纽带。这种模式的实现途径主要有以下三种：①举办研讨活动；②开展联谊交流活动，组织会员参与交流活动，考察资源，参加外省市举办的旅游交易会等活动，加强与国内外同行交流；③做好接待服务，协助外地旅游企业来本地举办推介会，为其他地区旅游代表团来访提供服务。

(二)项目引导型模式

2010 年上海世博会的成功举办将一种新的区域旅游合作模式推向了热点位置，即项目引导的区域旅游合作模式。该模式的主要特点是以某一场大型活动为主导因素，整个或者部分长江流域内的旅游利益相关者，包括旅游局、旅行社、酒店、景点等为了实现共同的旅游目标而合作。该模式实现的基本途径主要有两种：围绕项目共同设计开发旅游线路；开展对接营销活动。借助世博会的影响力和品牌优势，长江流域内其他地区以接轨、服务上海世博会的名义，举办一系列世博旅游推介会，宣传当地旅游产品[100]。

第四节　长江流域旅游开发组织管理的保障措施

长江流域旅游开发组织管理涉及多省市、多部门。旅游业要起飞，必须发展横向联合，办好一批跨省、跨行业的旅游联合体，使省与省、城市与城市、旅游点与旅游点联合成网，用"串珠成线"的形式串联起来，形成旅游开发的合力。为此，各省市要加强协调配合，不能各自为战，更不能相互拆台，无原则竞争，只有这样才能取得更大的经济效益和社会效益，促进长江流域旅游业的整体快速发展。

一、健全旅游合作法制化体系，为旅游合作提供必要的法律保障

(一)健全法律法规，推进流域旅游立法

在推进长江流域旅游合作开发的过程中，出现了各地政府出台的政策法律法规依据不统一，甚至相互冲突，旅游合作步伐难以协调，地方保护主义盛行的现象。为解决上述问题，要从国家层面来完善法律体系，形成中央通过立法来调控旅游合作开发的管理体制。建议出台《中华人民共和国旅游合作法》，对地方政府旅游政策法规出现冲突时的化解、旅游合作协议的签订、旅游合作中出现的矛盾调解、地方政府在旅游合作中的职责等进行立法规定。为地方政府的旅游合作提供法律依据和参考。

　　从区域层面出发，可制定《长江流域旅游法》来实现依法治水、依法开发管理。只有通过立法，尤其是流域性法律规范，才能更好地规范和调整长江流域内各种旅游开发行为和利益关系，实现流域旅游开发、管理和保护的目标。从完善立法以及统一流域旅游机构和行政区域水行政管理机构权、责、利的角度出发，对长江流域旅游开发组织管理的共性问题，应及时修改完善法律、法规、规章，科学划分流域旅游机构与地方水行政主管部门之间的事权。对于流域不同节段的个性问题，应充分尊重流域旅游机构和地方水行政主管部门的意见，协商确定各自的权责，并根据各流域的实际情况和特点，制定流域性旅游法规。全面完善长江流域旅游法规体系，使流域旅游管理与行政区域管理事权划分有理有据，且依据统一、清晰。

(二)推进政府行为法制化进程，规范区域旅游合作中的政府行为

1. 建立依法管理旅游开发合作的政府运行机制

　　在旅游开发合作中，要合理定位政府角色和职能，深化旅游管理体制改革，及时公开旅游开发合作政策，规范旅游开发合作立法程序，严格惩治违反法律者。长江流域地方政府要积极探索与总结旅游开发合作中的决策、组织、控制和协调机制等，并将其上升到法律层面。健全旅游开发合作矛盾解决机制，建立应急预警系统，从而联动地、迅速地化解矛盾。创新旅游项目管理，对重大旅游合作项目要经过反复调研认证，确保其可行性与科学性。建立旅游合作项目问责制和旅游项目绩效评估体系。

2. 地方政府要提高依法行政水平

　　①做到有法必依、执法必严，建设法治化政府，加强对地方政府官员的法制化教育与培训，提高对依法行政的重视。②在法律上，要明确地方政府的职能。地方政府在旅游合作中的职能是提供公共服务、完善基础设施建设、营造良好的旅游市场环境等，政府的职权要用法律来规定，依法追究失职行为。③完善依法行政的绩效考核体制，改变"重发展，轻环境"的执政理念，将生态效能纳入政绩考核的体系中来，实现经济社会的可持续发展[101]。

二、深化旅游管理体制改革，转变区域合作中的政府职能

改革旅游管理体制的目标是建立与社会主义市场经济相适应的政府行为规范，针对目前长江流域旅游管理体制中出现的问题，地方政府应做到以下几点。

(一)健全长江流域旅游开发合作协调机制

首先，建议中央方面成立领导和管理跨区域旅游开发合作的机构，如"长江流域旅游开发合作委员会"。成员由国家旅游局、国家发展和改革委员会等组成，主要职能是审批和实施旅游合作重大项目，协调旅游合作主体之间的利益，监督和约束政府行为，执行全国人大通过的旅游开发合作相关法律政策。

其次，在地方层面上，建立跨部门、跨地区的议事协调机制。逐步建立起涉流域旅游各行业、各部门的议事协商机制，通过召开联席会议来交流信息，研究对策。设立的旅游开发合作协调性机构要协调旅游景区的权责，履行机构的职能，负责统筹长江流域旅游开发合作重大事项。根据各区域社会经济实际情况，制定长江流域旅游开发合作中长期规划，明确地方政府的权利与义务，使长江流域各省市在人才、环境和信息等重大问题上达成共识。

最后，鼓励建立民间旅游合作协调机构。政府性的协调机构只能在宏观上把握旅游合作的方向，而旅游合作以旅行社、旅游宾馆、旅游交通企业等旅游企业为主导，由于旅游企业以追求利润最大化为目的，所以旅游企业之间的协调合作是关键，建议成立"长江流域旅游发展协会"。其主要的职能是：促进长江流域跨区域旅游企业的合作与交流，协助政府部门管理旅游合作事务，作为沟通政府和旅游企业之间的桥梁，合法表达旅游企业的诉求，为旅游合作企业提供咨询服务等。

(二)明确政府部门的旅游管理权，提升旅游部门的决策地位

由于目前政府部门的相关权利与旅游景区管理权的交叉点较多，政出多门的现象较为严重。为了有效解决这种问题，首先要明确地方政府分工，规定其"可为"与"不可为"，根据职责来赋予权力。其次，提高旅游部门在地方政府中的地位，提升其决策影响力，让其有足够的权力去管理长江流域旅游事务。旅游业被称为"朝阳产业"，旅游业对长江流域各省市经济发展的支柱产业地位已日益显现，而旅游产业的管理部门却没有得到应有的地位和职权，因此提升旅游部门

的地位成为改革行政管理体制的重要内容。

（三）创新旅游行政管理体制

在跨区域的旅游景区的行政区域内，全面实行无障碍旅游圈试验基地，总结和推广旅游开发合作的经验。在示范区内，建立专门的部门对旅游开发合作进行管理，为其提供法律上的保障，使之能够在跨区域的条件下依然能够进行旅游生态环境保护、旅游资源的开发、旅游市场营销与宣传，对旅游利益进行合理分配。

要加强引导，调动全社会力量办旅游。要强化大旅游意识，营造旅游大产业的环境，使各省市及各级政府部门、各行业从国家利益、地区利益、部门和单位利益的有机结合上寻求发展旅游业的共同点，主动制定配套措施扶持旅游业，形成全民办旅游的态势。同时，政府应努力协调各方利益关系，从宏观上理顺旅游、发展和改革委员会、财政、建设、卫生等诸多部门之间的关系，为旅游业的发展营造良好的宏观经济环境，共建旅游大产业[102]。

三、提升旅游开发合作中政府的宏观调控能力

地方政府在行使职能的过程中，要"有所为有所不为"。减少对微观方面的行政干预，应该从宏观方面把握长江流域旅游开发合作，打破行政区划的框架和限制，编制统一的旅游规划，提升整体区域形象。

（一）打破行政区域的限制，编制旅游合作发展规划

建议长江流域各省市旅游局联合制定《长江流域旅游发展规划》，把国家旅游发展政策同长江流域的实际情况结合起来，协调长江流域旅游产业发展，制定科学合理的规划，具体要求如下。

1. 打破行政壁垒，做好旅游发展总体规划

要实现长江流域无障碍旅游圈，就要从地域上打破行政区域的限制，从横向上打破部门的束缚，从客源上打破区域的限制。旅游规划是对长江流域旅游产业战略性的部署，能引导旅游发展方向，并影响长江流域旅游一体化进程。因此，在编制旅游规划的过程中，地方政府应突破行政区域的限制，共同研究、共同决策，编制出具有战略性、全局性、整体性的旅游开发合作发展规划，为旅游合作

发展提供科学指导。

2. 注重旅游规划的科学性、特色性

首先，讲究编制方法，做好编制旅游规划的前期准备，对长江流域旅游资源的类别、品位、地区进行全面的调查；做好旅游客源市场分析，对长江流域旅游者的数量及结构、旅游偏好、停留时间进行调查分析。在编制旅游规划的过程中，明确长江流域旅游发展的近期和长期目标，确定重点旅游开发项目，形成旅游发展战略，对长江流域旅游发展的政策支持、经营管理体制、融资方式等进行规划。其次，充分挖掘长江流域城市群旅游文化资源，形成优势互补、特色鲜明的旅游差异化发展格局[103]。

(二)加强旅游业的政策倾斜

当前旅游业可以说是一个高投入、高产出、高创汇、高效益的产业，没有有效投入则难以形成产业规模。因而，在旅游投资机制方面应该建立国家调控、市场调节和企业运作相结合的旅游投资体系，充分吸收国内外、省内外社会资金，达到投资规模、结构与效益的动态平衡，实现旅游产业整体利益和旅游投资企业单位效益的有机结合[104]。①进一步加大旅游业发展专项基金的投入力度；②制定出台优惠政策扶持旅游企业；③扩大引资渠道，可通过政策引导，制定旅游业利用外资的优惠政策，防止因市场盲目性而造成的行业效益滑坡；④加大旅游扶贫力度，旅游扶贫是一条投入少、回收较快、成效率高的新型扶贫之路，所以各级政府应高度重视，将旅游扶贫纳入到政府扶贫攻坚的总体规划中，并制定有关的政策措施，给予一定的优惠政策。

(三)完善市场合作机制

地方政府要尊重旅游市场经济运行规律，制定一系列有利于推动长江流域旅游发展的政策，充分发挥市场在旅游开发建设中的作用。具体措施如下。

1. 鼓励旅游企业向集团化、规模化发展

地方政府要增强对长江流域旅游企业的支持力度，鼓励其做大做强，对跨区域合作的旅游企业集团给予政策上的优惠，对长江流域旅游企业联合举办的旅游活动要给予支持，引导旅游企业推出具有地方特色的旅游产品，打击低价竞争和"零团费"，倡导阳光旅游。

2. 联合推出高质量、高水准的旅游产品

长江流域要实现旅游产业的腾飞，形成"长江流域大旅游圈"，关键要打破行政区划的限制，强强联合，优劣互补，增强参与国内外旅游竞争的合力。地方政府要引导旅游企业合理搭配旅游资源，设计出具有本土特色的旅游路线。例如，民族风情体验游（青海、西藏、云南）、休闲文化体验游（成都休闲游、长沙娱乐之都游）、水库大坝观光游（湖北葛洲坝、三峡大坝）、古镇古城休闲游（周庄、凤凰古城、丽江古镇）、宗教文化体验游（湖北武当山、重庆大足石刻）等。

3. 建立旅游合作的利益分配与补偿机制

长江流域进行旅游开发，是为了流域旅游的可持续发展，但流域整体利益最大化依然是流域进行旅游开发的重要目标，而在开发过程中会涉及各个省市和旅游企业的利益问题。为了避免各个地方因为利益冲突而阻碍旅游开发建设的实施，有必要建立合理的利益分配和补偿机制。首先，处理好中央或上级政府和长江流域各方的利益关系。长江流域旅游开发是响应中央"长江经济带"建设的号召和要求的，因此，中央和流域内各省市政府要对长江流域旅游发展给予政策上的倾斜，财政上给予资金上的支持，为长江流域旅游开发提供宽松有利的行政环境。其次，长江流域相关各省、市政府要本着互利共赢的原则处理利益分配问题。各相关政府在齐心协力发展旅游业的前提下，协商制定合理的利益分配方法，科学地分配旅游利益，提高地方政府旅游合作的积极性，推进长江流域旅游的健康发展。最后，建立流域旅游发展基金，为发展较慢但旅游发展潜力较大的地区提供更多的资金支持，优先支持落后地区的旅游项目[105]。

四、完善旅游合作监督体系

在长江流域旅游开发中，政府行为涉及的范围十分广泛，既要承担生态环境的开发与保护、旅游信息化的合作、投资合作等，又要涉及公共资金的投入与使用、重大基础设施的建设、重大旅游项目的实施。如果缺乏有力的监督体系，容易出现贪污贿赂、违法渎职、地方保护主义等行为。因此，要完善政府行为的监督体系，建立科学的政绩考核体系，具体应做到以下几点。

（一）制定实行旅游合作监督相关规章制度

1. 实行旅游开发管理信息公开制度，接受公众的监督

地方政府要联合制定长江流域信息公开规章制度，健全新闻发言人制度，追究隐瞒政务信息的政府官员的责任，宣传长江流域旅游发展相关信息的查询方式等，让公众及时了解政务信息渠道。地方政府应对实施的旅游项目的资金使用情况、最新动态、实施依据、开发建设成果等在政府公告栏、政府网站、报纸电视等渠道进行公布，满足公众的知情权和监督权。

2. 实行旅游合作行政问责制度

完善省市级主要领导在旅游合作中出现了重大错误和违法失职等行为时就地罢免辞职的制度。对地方保护主义行为、阻碍推进流域旅游开发进程的行为、公权私用行为、贪污违法行为、打压旅游企业行为等追究主要领导和当事人的责任。加大旅游项目资金的审查力度，加大民主、司法、社会监督的力度，落实行政问责制度。

3. 建立民主的决策制度

在做出与公众利益息息相关的重大长江流域旅游开发管理决策时，需广泛收集和听取群众的意见和建议，完善群众座谈会、听证会等制度，同时，地方政府要深入基层进行调研取证，了解群众的声音和诉求，不断完善实施方案，注重旅游项目实施的可行性、科学性和创造性[106]。

（二）构建综合绩效评估办法，完善旅游开发组织管理的监督体系

在长江流域现有的行政管理体制下，加强区域旅游合作、实现流域旅游整体发展离不开政府的推动作用。要提高地方政府推动长江流域旅游合作的积极性，使地方政府将本区域旅游发展融入到长江流域旅游合作圈中，构建综合的绩效评估体系是一条较好的途径，也是监督体系的必要组成部分。

由于目前长江流域旅游绩效评估多以行政区域为单位，考核的指标单一简单，并未涉及跨区域旅游合作相关的考核指标，使政府官员过多的关注本区域的旅游发展，对跨区域的旅游合作关注度过少，甚至为了自身利益而实行地方保护

主义政策，从而阻碍了长江流域旅游整体开发建设的进程。因此，地方政府应尽快制定科学合作的政绩考核制度。保障旅游合作绩效考核工作的公开性、透明性、纯洁性，考核的过程、结果及时向社会公开，并且接受群众的监督。建议成立"长江流域旅游合作绩效评估组"，由省市级重要领导担任评估成员，定期对地方政府进行绩效考核，除了考核本区域的旅游发展成果外，还要综合地方官员对长江流域旅游整体发展的贡献、对旅游合作项目的落实情况、协调处理长江流域旅游合作问题的能力、对待旅游合作的态度与积极性等，促进长江流域旅游市场机制和考核体系的形成。

五、完善基础设施建设，保证接待能力

（一）加强内部交通建设，完善基础设施

长江流域要抓住旅游经济快速发展的契机，加强内部的旅游交通建设，完善旅游基础设施建设。以知名景区为交通节点，以旅游中心城市为交通枢纽，加强城市通道和旅游集散中心建设，增强可进入性。以"水（航道）、陆（公路、铁路）、空（机场）"相结合的形式打造长江旅游通道，破除行政界线障碍，实现重要旅游景区之间、景区与城市之间的无缝对接，并不断增强通道的网络辐射力度。

1. 进一步完善公路旅游的交通网络

城际高速公路网正处在进一步完善和建设过程中，要充分考虑长江流域内旅游客流的流动趋势，在构建方便快捷的高速公路交通体系的同时，结合美丽乡村建设进程，完善著名旅游水乡、山村和滨海渔村的自驾车旅游公路网络，使其更好的发挥疏导游客流的功能。进一步提高公共巴士的安全性、舒适性和便捷性，充分发挥中心城市客源市场的辐射作用，组织直达旅游目的地的专线巴士旅游线路。进一步完善公路旅游标识系统，为自驾车旅游创造有利的环境氛围和设施服务，减少道路安全隐患，最大限度地满足游客旅游体验，确保交通安全和道路畅通。

2. 全面提升铁路旅游客运能力

铁路客运在旅游客运中发挥着不可替代的重要作用。基于长江流域铁路发展

的现有水平，依据 2008 年 11 月国务院常务会议审议并通过的《中长期铁路网规划（2008 年调整）》，加快建设城际轨道交通线路，以缓解长江流域日益紧张的客运交通，减轻公路、铁路的旅客运输压力，加快实现铁路人货分流；增加目的地城市之间的区段列车，完善铁路网络；提升列车车箱舒适度、美感度，发展列车车箱包间的居家舒适度，提供旅游个性化服务；改革旅游列车的票务制度，实现旅游列车与目的地城市公共交通衔接和共享普惠制度，推行有利于旅游的票务政策，严厉惩治不法票贩；根据需求组织旅游专列，增强旅游列车的灵活性，促使铁路交通成为长江流域旅游枢纽城市之间的主要交通运输方式。

3. 促进机场间协作运行并形成机场联盟

长江流域现拥有多个大小机场，各机场要在服务本地经济发展的前提下结合区域协调发展的方针，支线机场要与干线机场配合。按照枢纽机场、干线机场、支线机场、机场所处地区城市、机场的硬件设施等进行科学合理的分工定位，形成长江流域机场联盟来统一协调机场的运作，进一步满足地区的经济发展需要，迅速提高机场的经营效益。

4. 大力发展通江、联湖、达海的专业化旅游水路交通

结合长江流域水上旅游的开发，大力推进水路交通的建设。将长江干流与支流、流域内湖泊、东海海域等要素有机组合，发展游船、游艇和邮轮旅游，形成通江、联湖、达海的水上旅游系统。为此，要合理规划长江沿岸的游艇、邮轮码头建设布局，整治长江流域水域环境，连通水上旅游干线，加强游艇邮轮管理、船籍登记、岸线开发整合、码头泊位建设等相关制度，为游艇邮轮旅游创造良好的交通服务设施。长江流域有着水上旅游的独特条件和优势，不能简单把旅游的水路交通看作是旅游流移动的载体，而是要把水上旅游打造为区域旅游的经典产品，通过通江、联湖、达海旅游产品开发，进一步促进长江流域旅游城市之间的互动和发展[107]。

（二）统一旅游信息化建设，深化旅游形象认知

随着互联网现代科学技术在旅游业各方面的应用不断加深，各级旅游主管部门、旅游企业都认识到旅游信息化建设的必要性，但也随之出现了混乱状态，因此有必要统一旅游信息化建设。主要包括建立统一的旅游信息网站，整合打造"中国长江"品牌，深化大众对长江流域的旅游形象认知，同时实现信息共享；

完善旅游咨询系统、管理信息系统和电子商务系统等的统一建设,充分发挥信息技术的作用,完善内部旅游企业的沟通联络。

在相关网站上除了发布长江流域精品旅游路线、旅游产品、交通住宿、旅游统计数据外,还应该建立长江流域旅游开发项目招商栏,为投资者提供及时权威的旅游信息,引导民间资本进入旅游资源合作开发项目中来。建立长江流域优质旅游企业资讯,对服务质量不到位的旅游企业进行揭露。另外,长江流域地方政府各自建立的旅游官方网站应链接到此网站上来,使公众及时了解长江流域旅游发展的基本动态,加强长江流域旅游合作互动。

(三)发挥节点辐射作用,拓展长江流域旅游空间整合

长江流域旅游开发要充分发挥长江三角洲旅游区、皖南名山风景区、赣北赣西旅游区、鄂西北旅游区、湘西湘北旅游区、重庆四川旅游区、滇北黔北旅游区等网络节点的辐射带动作用,以点串线,点、线、面相结合,构建多层次流域旅游空间。实行多核心辐射模式,以两个核心层、中心地带向外,形成小型环圈,环环相扣,不断扩充辐射面积,增强长江流域旅游资源的内部联系,实现长江旅游的联动发展[108]。

六、加强公共服务供给,为流域旅游开发合作奠定良好基础

(一)加大生态环境的保护合作力度,为旅游业提供良好的生态环境

流域是一个由水、土地、植被和生物等自然要素和资源环境及社会经济等要素组成的复合生态系统,流域旅游开发管理是一项复杂的系统工程,因此流域旅游开发组织管理应确立以"树立尊重自然、顺应自然、保护自然的生态文明理念"为中心的生态系统管理理念,尊重自然规律和社会经济的发展规律,关注流域内各资源、环境及社会经济的内在联系,以维护整个流域生态系统的可持续发展。要从整个流域全局出发,将流域当作一个不可分割的整体来看待,统筹安排,合理利用和保护流域内各种资源,综合考虑流域内各因素的相互联系,优化机构设置、完善相关立法、创新流域管理体制,从而实现流域综合效益和社会经济的可持续发展。

(二)建立生态补偿机制，保障流域的可持续发展

流域生态补偿机制的建立是生态文明建设的重要内容，是解决日益严峻的流域生态环境形势和使人民群众过上更好生活之间的矛盾的有效途径。建立长江流域生态补偿机制，树立流域协调发展理念，可以有效解决流域不同地段的不均衡发展问题。发达地段应对不发达地段进行扶持，实现整个流域经济社会全面协调可持续发展。

(三)加大政府对公共服务的财政投入

公共财政的重要职能体现在公共产品的配置上，如基础设施、公共设施、科教文卫等方面。在长江流域旅游开发中，地方政府首先要将一般性转移支付和专项转移支付相互配合，实现资源的优化配置，保障旅游开发的顺利进行。一般性转移支付用于缩小区域间在财力上的差距，以实现区域提供的公共服务大致相同的目的，此类财政拨款由地方政府自主安排使用。专项转移支付用于长江流域各省市政府共有的区域问题上，如长江的治理、基础设施的完善、旅游市场环境的整治等。通过两种转移支付方式可缩小长江流域各地区的经济差距，增加政府对公共服务的供给力度。其次，引入民间资本，实现社会化的公共服务供给模式。为克服地方政府在公共产品投入的不同，地方政府应鼓励社会各界参与公共服务的投资，组成公共服务多元化投入网络[109]。

(四)强化流域旅游联合宣传促销

客源是旅游业的生命力，没有客源旅游业就成了无源之水、无本之木。从旅游业绩效较好的地区来看，旅游宣传促销投入应该占旅游总收入相当一部分。鉴于此，长江流域各省市必须加大人力、物力、财力的投入，做好旅游宣传促销，进一步增强国内外市场。首先，各省市要塑造长江流域统一鲜明的旅游形象，加强合作，实行联合营销、捆绑营销；其次，各省市应建立起长期、稳定的旅游促销经费的筹措机制，形成由省政府统一领导，各级旅游行政主管部门牵头，广大旅游企业积极参与的旅游宣传促销体系；最后，政府有关部门应强化网上宣传和市场促销。使用费用低、覆盖面广的国际互联网是旅游业一种有效的促销手段。

第七章 结　　语

一、创新点

本研究着眼于不同以往的研究对象，构建出了普适的发展模式以及机制，在借鉴前人的研究基础上，进行了理论与实践的创新。

(一)对象新颖

以流域为单位进行旅游开发的组织管理研究，有别于以流域生态保护及资源开发为重点的研究，为区域性旅游开发研究开辟了新路线，并对流域旅游开发组织管理的相关概念，以及流域的分类标准进行了界定，为流域旅游开发实践提供了理论基础。

(二)构建模式

在总结与分析国内外流域旅游发展现状与典型范例的基础上，针对目前开发实践中存在的问题，为不同尺度的流域旅游开发的组织管理构建了模式，并设定了相应的机制。打破了前人研究中仅仅针对特定流域的局限性，具有普适性和可操作性。

二、不足和问题

鉴于资料搜集的难度与研究者思维的局限性，本研究还存在以下三个方面的不足和问题。

(一)定量研究不足

本研究中定性研究偏多，定量研究比较少。鉴于资料及数据的缺乏，在对流域旅游发展状况的论述中量化的效果与效应体现不足。管理目标不够清晰，未建立量化评价指标体系，描述性目标无法客观科学地体现绩效水平。旅游开发的组织管理模式与机制的选择，建立在现有区域性旅游开发合作经验的基础上，流域的特性体现不强。

（二）理论与实证结合不够紧密

对云南红河流域、长江流域旅游开发的组织管理体制改革与机制创新的实证研究、对资产管理的方法与要求，以及构建的模式与机制的运用体现不足，未能重点突出所构建理论模式的实践作用。

（三）实证研究操作性有待加强

本研究所构建的云南红河流域旅游开发的组织管理体制与机制创新，仍停留在思想方法与思路框架层面上，与实际应用操作还有一定距离，还必须进一步结合研究流域的实际情况来进一步深化、细化研究，最终才能实现可操作化。

三、展望

在研究视角方面，流域旅游的组织管理不但可以不局限于宏观的模式与机制的创新，还可以从资源整合、线路组织、投融资策略等细节入手，对流域旅游开发中的具体问题进行深入详尽的研究。

在研究方法方面，随着学科交叉研究的逐渐深入与广泛，流域旅游中涉及的生态环境保护、经济绩效评价等问题的解决，需要运用地理、生物、经济等多学科相应研究方法，理论与实践的结合也会更加紧密。

在实证研究方面，目前流域旅游开发的实证研究大都选取省内或省际流域，大尺度的国际流域旅游涉及较少。为顺应国际合作领域的广泛化，在今后的实证研究中也会越来越多地采用国际流域旅游的案例。

参 考 文 献

[1] 中国社会科学院语言研究所词典编辑室. 现代汉语词典 [M]. 北京：商务印书馆，2005：876.

[2] 孟亚凡. 绿色通道及其规划原则 [J]. 中国园林，2004，(5)：14-18.

[3] 陈湘满，刘君德. 论流域区与行政区的关系及其优化 [J]. 人文地理，2001，(4)：67-70.

[4] 王有强，司毅铭，张通军. 流域水资源保护与可持续利用 [M]. 郑州：黄河水利出版社，2005：10.

[5] 李小健. 经济地理学 [M]. 北京：高等教育出版社，1999：37-40.

[6] 施祖麟. 区域经济发展：理论与实证 [M]. 北京：社会科学文献出版社，2007：22-27.

[7] 黄羊山. 旅游规划原理 [M]. 南京：东南大学出版社，2004：36.

[8] 陆大道. 区域发展及其空间结构 [M]. 北京：科学出版社，1995：25-27.

[9] 伍光和. 自然地理学 [M]. 北京：北京高等教育出版社，2000：39-45.

[10] 牛亚菲. 论我国旅游资源开发条件的地域性 [J]. 人文地理，1988，(1)：11-14.

[11] 张一群，杨桂华. 对旅游生态补偿内涵的思考 [J]. 生态学杂志，2012，31(2)：477-482.

[12] Dimovski V, Skerlavaj A. Stakeholder theory approach to the organizational performance and influence of information-communication technology：Model conceptualization and testing [J]. Economic and Business Review for Central and South-Eastern Europe，2004，6(3)：245-265.

[13] 张维迎. 博弈论与信息经济学 [M]. 上海：上海人民出版社，2004：66-69.

[14] 陈树文. 组织管理学 [M]. 上海：大连理工大学出版社，2005：29-33.

[15] 薛莹. 旅游流在区域内聚：从自组织到组织——区域旅游研究的一个理论框架 [J]. 旅游学刊，2006，21(4)：47-54.

[16] 科斯等. 财产权利与制度变迁——产权学派与新制度学派译文集 [M]. 上海：上海三联书店，1991：65-70.

[17] 郭忠诚，许恒周. 外部性问题内部化分析 [J]. 合作经济与科技，2006，2：68-70.

[18] 罗跃初. 流域生态系统健康评价方法 [J]. 生态学报，2003，8：1606-1614.

[19] 龙笛. 浅淡流域生态环境健康评价 [J]. 北京水利，2005，5：6-10.

[20] 刘文，郭怀成. 湖泊-流域生态系统管理的内容和方法 [J]. 生态学报，2007，12：5352-5360.

[21] 赵士洞，汪业勖. 生态系统管理的基本问题 [J]. 生态学杂志，1997，4：35-38.

[22] "湖泊及流域学科发展战略研究"秘书组. 湖泊及流域科学研究进展与展望. 湖泊科学 [J]，2002，14(4)：289-300.

[23] Barrow Christopher J. River basin development planning and management：a critical review [J]. World Development，1998，26(1)：171-186.

[24] Raju Komaragiri Srinivasa，Pillai C. Multicriterion decision making in river basin planning and development [J]. European Journal of Operational Research，1999，12(1)：249-257.

［25］ Van der Veeren R J H M，lorenz C M. Integrated economic-ecological analysis and evaiuation of management strategies on nutrient abatement in the Rhine basin ［J］. Journal of Environmental Management，2002，66：361-376.

［26］ Botes A，Henderson J，Nakale T，et al. Ephemeral rivers and their developmentaesting an approach to basin management committees on the Kuiseb River，Namibia ［J］. Physics and Chemistry of the Earth，2003，28：853-858.

［27］ Boterweg T，Rodda D. W. Danube river basin：progress with the environmental programm ［J］. Wat. Sci. Tech，1999，40(10)：1-8.

［28］ Janssen Bengt-owe，Stalvant Carl-einar. The Baltic Basin Case Study towards a sustainable Baltic Europe ［J］. Continental Shelf Reseach，1999，21：29-35.

［29］ Steinbach Josef，Dr. Kathol. River related tourism in Europe—an overview ［J］. GeoJournal，1995，35(04)：33-45.

［30］ 张瑞敏. 城市滨水区游憩功能开发研究——以广州市珠江两岸为例 ［D］. 广州：中山大学硕士论文，2005：11-13.

［31］ 王建国，吕志鹏. 世界城市滨水区开发建设的历史进程及其经验 ［J］. 城市规划，2001，25(7)：41-46.

［32］ Research Canadian Journal Of Urban. Recreation and tourism as a catalyst for urban waterfront redevelopment：an international survey ［C］. Westport，CT and London：Praeger Publishers，1995.

［33］ Marshall Richard. Waterfronts in Post-industrial Cities ［M］. London and New York：Spon Press，2001：57-60.

［34］ 李文华. 流域开发与管理：美国田纳西河流域与中国乌江流域对比研究 ［M］. 贵阳：贵州人民出版社，1989：32-35.

［35］ 张文合. 流域开发论：兼论黄河流域综合开发与治理战略 ［M］. 北京：水利电力出版社，1994：70-72.

［36］ 陈湘满. 美国田纳西河流域开发及其对我国流域经济发展的启示 ［J］. 地理研究，2000，9(02)：87-92.

［37］ 郭培章. 中外流域综合治理开发案例分析 ［M］. 北京：中国计划出版社，2001：50-52.

［38］ 张帅. 美国田纳西河流域开发的启示 ［J］. 四川水利，2001，22(02)：40-41.

［39］ 郑伯红，汤建中. 伦敦巴黎河岸景观带建设的实践与经验 ［J］. 城市问题，2002，(1)：71-74.

［40］ 郑伯红，汤建中. 都市河流沿岸旅游文化景观带功能开发——以上海苏州河为例 ［J］. 旅游科学，2002，17(01)：32-35.

［41］ 蒋文凯. 漓江流域旅游可持续发展研究 ［D］. 桂林：桂林工学院硕士论文. 2002：66-70.

［42］ 刘晓武. 风溪河流域水电开发带动旅游开发 ［J］. 贵州水利发电，1997，4：40-42.

［43］ 辜胜阻，杨艳琳. 论长江流域资源、产业与航运的协调发展 ［J］. 长江论坛，1998，1：15-18.

［44］ 王保. 可持续发展战略与长江流域经济开发 ［J］. 长江流域资源与环境，1998，4：291-296.

［45］ 梁远林. 汉水流域旅游发展模式探讨 ［J］. 汉中师范学院学报，2000，18(5)：2.

［46］ 李焰云. 清江流域旅游区开发构想 ［J］. 科技进步与对策，2001，10：140-143.

[47] 陈胜军. 长江水运旅游发展研究 [D]. 武汉：武汉理工大学硕士论文，2003：10-11.

[48] 林凌. 极富开发潜力的长江上游经济带 [J]. 四川省情，2003，10：7-9.

[49] 周正涛，鲁峰. 淮河流域旅游业与水环境刍议 [J]. 治淮，2003，9：55-56.

[50] 张合平. 漓江流域景观结构及旅游干扰的生态影响研究 [D]. 北京：北京林业大学资源与环境学院，2003：5-7.

[51] 姚玲玲. 凤凰县沱江流域治理与旅游资源开发研究 [D]. 长沙：湖南师范大学硕士论文，2004：13-15.

[52] 黄洁. 山东运河文化旅游开发现状分析及对策 [J]. 山东行政学院山东省经济管理干部学院学报，2004，10(5)，61-62.

[53] 隋鹏飞，胡碧玉. 论嘉陵江流域旅游开发 [J]. 重庆邮电学院学报(社会科学版)，2004，6：12-13.

[54] 四川省政府参事专题调研组，陈国先等. 风景这边独好——关于嘉陵江干流综合旅游资源开发的调研报告 [J]. 西华大学学报(哲学社会科学版)，2004，5：32-35.

[55] 孟庆红. 广西红水河流域开发导向研究 [J]. 改革与战略，2004，8：21-22.

[56] 皮小军，刘建民. 袁河流域的旅游开发 [J]. 南昌教育学院学报，2006，21(1)：61-65.

[57] 何丽红. 长江流域旅游发展绩效的地区差异研究 [D]. 上海：华东师范大学硕士论文，2008：13-17.

[58] 曹新向，苗长虹. 黄河流域省际旅游合作与互动 [J]. 商业研究，2009，11：45-58.

[59] 王金叶，漓江流域旅游生态系统可持续发展策略研究 [J]. 广西社会科学，2012，2：44-47.

[60] 高永宏. 沈阳市浑河滨水区开发战略研究 [D]. 长春：吉林大学硕士论文，2005：10-12.

[61] 李蒲弥. 珠江流域西部文化旅游发展研究 [M]. 广州：广东旅游出版社，2005：77-80.

[62] 毛笑文. 黄河上游沿岸带旅游空间结构优化研究 [D]. 兰州：西北师范大学硕士论文，2005：15-17.

[63] 郑伯红，汤建中. 伦敦巴黎河岸景观带建设的实践与经验 [J]. 城市问题，2002，1：72-74.

[64] 张合平. 漓江流域景观结构及旅游干扰的生态影响研究 [D]. 北京：北京林业大学资源与环境学院，2003：18-20.

[65] 李丰生，赵赞，聂卉. 河流风景区生态旅游环境承载力指标体系研究——以漓江为例 [J]. 桂林旅游高等专科学校学报，2003，14(5)：13-18.

[66] 上官铁梁，宋伯为，朱军. 黄河中游湿地资源及可持续利用研究 [J]. 干旱区资源与环境，2005，19(1)：7-13.

[67] 黄贤全. 美国政府对田纳西河流域的开发 [J]. 西南师范大学学报(人文社会科学版). 2002，7(4)：118-131.

[68] John H Jaekson. Legal Problems of International Economic Relations [M]. Cases，Materials and Texts，West Group Publisher，2002：522-527.

[69] 百度百科. 莱茵河 [EB/OL]. http://baike. baidu. com/view/24634. html.

[70] 亚马孙合作条约. 人民网：http://www. people. com. cn/GB/historic/0703/2180. html

[71] 卞显红，王苏红. 推动长江三角洲城市旅游产品一体化 [J]. 商业时代，2005，4(32)：66-67.

[72] 刘玉. 江苏环太湖旅游带旅游开发系统研究 [J]. 地域研究与开发. 2004，8(4)：90-94.

［73］百度百科. 广西北部湾经济区. http://baike.baidu.com/view/1533513.html.

［74］朱晓辉. 云南红河流域民族文化旅游资源开发研究［D］. 昆明：云南师范大学硕士论文，2006：10-15.

［75］刘旭辉. 美国田纳西河流域开发和管理的成功经验［J］. 异域观察，2010：57-58.

［76］李柏文. 流域旅游合作开发与管理机制设计［J］. 商业现代化，2008：268-269.

［77］朱晓辉等. 流域旅游开发的组织管理探析［J］. 经济问题探索. 2011：131-134.

［78］黄德春，陈思萌. 国外流域可持续发展的实践与启示. 水利经济. 2007. 11：10-12.

［79］冯明义等. 嘉陵江流域旅游经济发展的限制性因素分析. 旅游资源. 2008. 8：741-743.

［80］马克思·韦伯. 论经济与社会中的法律［M］. 张乃根译. 北京：中国大百科全书出版社，1998：66-68.

［81］王健. 中国旅游业发展中的法律问题［M］. 广州：广东旅游出版社，1999：11-16.

［82］日本运输省. 旅游小六法［M］. 东京：东京法令出版社，1993：70-73.

［83］Robertw. Douglass. 森林旅游［M］. 张建列译. 哈尔滨：东北林业大学出版社，1996：64-78.

［84］丛选功. 外国环境保护法［M］. 北京：中国政法大学出版社，1989：4-16.

［85］赵国青. 外国环境法选编［M］. 北京：中国政法大学出版社，2000：5-10.

［86］中华人民共和国旅游法［M］. 北京：中国旅游出版社，2013：16-20.

［87］赵中华. 区域旅游的交通组织与管理［D］. 上海：华东师范大学硕士论文，2009.

［88］刘民坤. 跨区域旅游企业合作的模式与实现［J］. 江苏商论，2009，12：106-107.

［89］百度百科. http://baike.baidu.com/link? url=q5Xt1HEyW7elKZHEFPKvQXuBzCTDQweTeZ5r1cw uF7Qr3CsOX1qIaCocLsFwCZEzCl1x5Ipx6hzL3MHR4FBVtq.

［90］何丽红. 长江流域旅游发展绩效的地区差异研究［D］. 上海：华东师范大学硕士论文，2008：18-20.

［91］麻学锋. 产业集群下的区域旅游合作开发模式研究［J］. 企业技术开发，2005，24(9)：77-79.

［92］李树民. 区域旅游合作的行为模式与动力机制［J］. 旅游学刊，2005，20(3)：10.

［93］张补宏，徐施. 长江三角洲区域旅游合作问题及对策探讨［J］. 地理与地理信息科学，2009，25(6)：101-104.

［94］宋金平，杜红亮. 大长江三角洲旅游区域协作研究［J］. 地域研究与开发，2005，24(5)：67-70.

［95］梁明珠，张欣欣. 泛珠三角旅游合作与资源整合模式探究［J］. 经济地理，2006，26(2)：335-339.

［96］宋立杰. 海岸带综合管理下的山东省东部海岸带旅游管理模式研究［D］. 济南：山东师范大学硕士论文，2005. 13-15.

［97］禹有松. 冯学钢，杨杰. 安徽参与长江三角洲区域旅游合作模式研究［J］. 地域研究与开发，2008，27(3)：66-69.

［98］何丽红，刘顺伶. 长江流域旅游发展互动模式研究——基于政策视角的研究［J］. 桂林旅游高等专科学校学报，2007，18(6)：846-849.

［99］张文雅. 区域旅游合作中利益相关者的利益协调研究［D］. 武汉：武汉大学硕士论文，2005：20-21.

［100］汪宇明，高元衡. 上海与长江流域各省区间的旅游互动［J］. 地理学报，2008，06：657-668.

［101］杨荣斌，郑建瑜，程金龙. 区域旅游合作结构模式研究［J］. 地理与地理信息科学，2005，21(5)：95-98.

[102] 陈佳平. 中部区域旅游合作背景下河南旅游产品结构调整优化研究 [J]. 地域研究与开发，2009，28(5)：102-106.

[103] 蒋丽芹. 论泛长江三角洲区域旅游整合与协作 [J]. 经济问题探索，2009，9：152-154.

[104] 道书明. 精彩旅游 30 年：上海旅游改革开放实例萃选 [M]. 北京：中国旅游出版社，2009：202-210.

[105] 禹有松，冯学钢，杨杰. 安徽参与长江三角洲区域旅游合作模式研究 [J]. 地域研究与开发，2008，27(3)：66-69.

[106] 艾尔·巴比. 社会研究方法(第十一版) [M]. 邱泽奇译. 北京：华夏出版社，2009：286-287.

[107] 郑伯红，杨靖. 县域旅游协作开发模式探讨——以湖南省华容县为例 [J]. 地域研究与开发，2009，28(6)：122-125.

[108] 薛莹. 20 世纪 80 年代以来我国区域旅游合作研究综述 [J]. 人文地理，2003，8(1)：29-34.

[109] 吴军. 中国区域旅游合作时空演化特征分析 [J]. 旅游学刊，2007，22(8)：35-41.